AF312177

ANTOINE
WATTEAU

PAR

PAUL MANTZ

PARIS

A LA LIBRAIRIE ILLUSTRÉE
8, RUE SAINT-JOSEPH, 8

1892

ANTOINE WATTEAU

PORTRAIT DE WATTEAU, GRAVÉ PAR F. BOUCHER

ANTOINE
WATTEAU

PAR

PAUL MANTZ

PARIS

A LA LIBRAIRIE ILLUSTRÉE

8, RUE SAINT-JOSEPH, 8

1892

ANTOINE WATTEAU

I

LES ANNÉES D'APPRENTISSAGE

Il ne faut pas médire des romanciers : leur œuvre consolante répond à un certain besoin des âmes, et la réalité serait trop triste si la fiction ne venait pas çà et là l'encadrer d'une bordure fleurie. Un remerciement est dû aux conteurs : ils font oublier. Mais puisqu'on laisse à leur libre fantaisie la jouissance d'un domaine qui s'étend de la vérité quotidienne jusqu'aux frontières de l'impossible, ils devraient nous faire la grâce de ne pas chasser sur nos terres et de ne point défigurer l'histoire sous les arabesques de leur caprice. En s'emparant de Watteau, dont la vie était et est encore mal connue et dont le mystérieux génie tient une si grande place dans l'art français, ils ont substitué aux certitudes historiques les mensonges de la légende, et, le plus innocemment du monde, ils ont ajourné l'heure où le maître des visions enchantées pourra revivre dans un portrait ressemblant et définitif. Les gens d'esprit ont altéré le caractère de l'homme et ils n'ont pas signalé toute l'importance de l'artiste. L'historien qui, armé des procédés modernes, je veux dire du document et de la chronologie, voudra étudier la physionomie de Watteau et marquer son rôle, devra donc, s'il en a le courage, négliger de parti pris beaucoup de contes, élaguer beaucoup d'hypothèses et s'en tenir strictement aux faits positifs.

Ces faits ne sont pas nombreux, et telle est même l'indigence de notre approvisionnement qu'il existe dans la biographie du charmeur de longues périodes où on le perd de vue et où il est presque insaisissable. Chose étrange! les événements de sa vie sont d'hier et il est plus difficile de parler de lui que de tel artiste du xve siècle. Watteau, qui occupe tant de pages dans les livres et dont le nom est prononcé tous les jours, Watteau est un inconnu, ou, du moins, il flotte dans le mystère comme les fonds vaporeux de ses paysages. En essayant ici, après tant d'autres, de raconter la vie de ce grand travailleur et de replacer son œuvre dans le milieu historique dont elle a été la fête, on appliquera autant que possible les prudentes méthodes de la critique nouvelle, et malgré les difficultés du programme, on ne négligera rien pour se tenir au plus près de cette vérité qu'on soupçonne, mais qui s'échappe si cruellement à l'instant même où l'on croit saisir le pli flottant de sa robe.

Les guerres de conquête, les villes assiégées et prises d'assaut, les cadavres épars dans les rues ensanglantées sont pour le philosophe un spectacle amer. On n'est consolé de ces violences que lorsqu'elles aboutissent à une fleur. C'est ici le

cas : même en demeurant pacifique et sentimental, on est tenté
de pardonner à Louis XIV d'avoir dirigé le feu de son artillerie
contre les murailles inoffensives de Valenciennes. Il fallait que
la loi de l'histoire s'accomplît, pour que le peintre qui devait
devenir une de nos plus chères gloires naquît dans une ville
française. On se rappelle les événements. L'armée royale investit
Valenciennes le 28 février 1677, et tous les ouvrages ayant été
enlevés, la ville est prise le 17 mars. Belle affaire où Van der
Meulen trouvera l'occasion d'un travail nouveau. Peu après, le
11 août 1678, intervient le traité de Nimègue, qui délimite la
nouvelle frontière ; en même temps, un émissaire du roi, Magalotti, celui que Saint-Simon nous représente comme un homme
« délicieux et magnifique », s'installe à Valenciennes en qualité
de gouverneur. Malgré le sort des armes, malgré les actes
diplomatiques, ce coin du Hainaut continuera à vivre, quelque
temps encore, dans une atmosphère flamande ; toutefois, le
résultat historique est acquis. Personne ne songe à Watteau ;
mais, s'il doit venir au monde, il sera Français.

Celui que son charmant génie devait faire le maître des élégances, Jean-Antoine Watteau, n'avait nullement des origines
aristocratiques. Il est né dans le monde du travail, loin des
influences heureuses et des fées souriantes que le hasard penche
sur le berceau des futurs artistes. Il fut baptisé à l'église Saint-
Jacques de Valenciennes le 16 octobre 1684. Son père, Jean-
Philippe, était un modeste couvreur ; sa mère s'appelait Michelle
Lardenois ; le parrain et la marraine, dont l'acte de baptême
n'indique pas la profession, ne semblent guère avoir été des
personnages de grande conséquence. On a quelques détails sur

le père de Watteau. Né en 1660, il vivait encore en 1699. A diverses reprises, il a travaillé pour la ville de Valenciennes et les comptes municipaux ont gardé la trace de la rémunération affectée à ses utiles services. Il était jeune et laborieux. On ne sait trop sur quel document le comte de Caylus s'est fondé pour parler de « la dureté du père dont Watteau dépendoit » et des entraves qu'il aurait mises à la vocation de son fils[1]. Il y a là une exagération évidente. Philippe Watteau est fort attentif aux choses de son métier ; mais si occupé qu'il soit à réparer les toitures des édifices et des magasins de Valenciennes, il n'est pas indifférent au développement intellectuel du petit Antoine. Il trouva bon qu'il reçût les premiers éléments d'une instruction pareille à celle que recevaient alors les enfants du voisinage, germes précieux que le vif esprit de Watteau sut faire fructifier, car il a été toute sa vie un grand liseur ; la plume à la main, il exprimait nettement sa pensée, et lorsqu'on dresse la nomenclature de ses amis, on constate que la plupart ont été des lettrés. Enfin, quand vint le moment d'apprendre un métier, on ne voit pas que Watteau ait été persécuté par son père. Sans doute, Philippe avait les idées de son temps ; il aurait voulu que son fils lui succédât ; il lui disait que la profession de couvreur est la plus belle profession du monde, mais dès que l'enfant parla d'entrer en apprentissage chez un peintre, il le laissa faire.

[1] La *Vie d'Antoine Watteau* lue à l'Académie royale de peinture le 3 février 1748. Ce mémoire, retrouvé et publié par MM. de Goncourt d'après une ancienne copie, est une des pièces essentielles du dossier de Watteau, dont Caylus a été l'ami. Nous aurons bien des fois à nous reporter à ce travail qui renferme cependant tant d'affirmations suspectes La *Vie d'Antoine Watteau* forme un des plus intéressants chapitres de l'*Art du XVIIIe siècle* Depuis lors le manuscrit autographe de Caylus a été découvert dans un carton de la Bibliothèque de l'Université par M. Charles Henry, qui l'a publié en 1887.

ENCADREMENT

(D'après la gravure de Moyreau.)

Pour expliquer comment Watteau, élevé dans le culte de l'ardoise et de la tuile, a pu de bonne heure tourner sa pensée vers la peinture, on est tenté de rechercher s'il n'a pas subi quelque influence, et si un exemple encourageant ne lui a point été donné par un membre de sa famille. On l'a cru dès qu'on a appris par le dépouillement des archives municipales que, pendant les dernières années du XVIIe siècle, il y a eu à Valenciennes un Julien Watteau qui était peintre. Mais le personnage est aujourd'hui connu et on entrevoit la vérité. Le nom de Watteau, modifié de toutes les façons par la fantaisie des scribes, est très fréquent dans la région, et tous les actes de l'état civil ayant été scrupuleusement interrogés à propos d'un procès jugé le 23 juillet 1884, par le tribunal civil de Valenciennes[1], il a été impossible de retrouver un lien de famille entre le peintre obscur Julien Watteau et l'artiste triomphant qui a jeté sur ce nom le rayon d'une gloire éternelle[2]. Comme aucune œuvre de Julien Watteau n'a été conservée, il faut se garder de le condamner à tout hasard. On a la preuve qu'il était peintre de figures. Né en 1672, et élève de Gaspard Mignon, il eut à soutenir un procès contre la corporation des maîtres de Valenciennes en 1691 et il ne fut reçu dans la compagnie qu'en 1693. Marié en 1712, il mourut en 1718. Quant à ses travaux, la trace en est perdue. L'auteur de la *Biographie valenciennoise*, Hécart, connaisseur douteux, assure avoir vu de lui de beaux dessins à la plume,

---

[1] Ce jugement, qui permet d'établir la descendance des Watteau, issus d'Antoine Roch, frère du couvreur Philippe et oncle du peintre des fêtes galantes, a été imprimé dans le procès-verbal de la *Réunion des sociétés des Beaux-Arts*, 1885, p. 171. Il résulte des actes de l'état civil que le nom de la famille doit s'écrire *Wateau*.

[2] Sur Julien Watteau, voir la précieuse notice de M. Paul Foucart, *Réunion des Sociétés des Beaux-Arts*, 1888, p. 299.

et, dans le chœur de l'église des Récollets, un tableau représentant la *Mort de saint François*. Julien Watteau a formé plusieurs apprentis, ce qui semble dire que ses concitoyens le tenaient en quelque estime. Mais, ainsi que nous l'avons indiqué, il ne paraît pas, malgré l'identité du nom, avoir appartenu à la famille d'Antoine, et bien que les deux homonymes aient pu se rencontrer dans les rues de Valenciennes, Julien n'a exercé aucune influence sur celui qui devait si vite le faire oublier. Antoine Watteau fut l'élève d'un autre maître.

Nous ne dirons pas que pour se faire ouvrir la porte d'un atelier, il n'avait que l'embarras du choix; mais nous rappellerons, contrairement à ce que l'on a cru longtemps, que les moyens d'apprendre le métier n'étaient pas difficiles à trouver. On avait toujours fait de la peinture dans le Hainaut et l'on y suivait de loin le mouvement de l'École flamande. A Valenciennes, comme ailleurs, les artistes formaient une corporation fort jalouse de ses privilèges. Malgré la destruction partielle des archives dans un pays qui a été un champ de bataille, nous savons les noms de quelques-uns des peintres qui ont fait partie de l'Association de Saint-Luc à l'époque où Watteau était un enfant en quête d'un maître. L'un de ces peintres est Gaspard-François Mignon, chez lequel Julien Watteau avait fait son apprentissage. Il était venu de Mons, et il eut même à soutenir en 1671, un procès contre les maîtres de Valenciennes qui, invoquant leurs statuts, refusaient de lui entr'ouvrir leur porte. Mignon n'eut gain de cause qu'après de longs débats; mais, une fois reçu, il parvint aux plus hauts grades, puisque, en 1701 et en 1703, il remplit les fonctions de « connétable ». A l'exemple de ses confrères, on le trouve occupé de menues besognes où l'art n'a parfois qu'un rôle assez médiocre : en 1686, il peint des écussons pour une cérémonie mortuaire. Son atelier était fort suivi, car de 1693 à 1704, on le voit former dix-sept apprentis, sans compter ceux qui ont pu échapper aux recherches des érudits valenciennois. Il ne reste aucune œuvre de Gaspard Mignon.

Nous sommes un peu moins ignorant en ce qui concerne son confrère Jacques-Albert Gérin, dont les actes de l'état civil nous parlent pour la première fois en 1664. C'est la date de son mariage à Valenciennes. En 1681, il était occupé à dessiner une série de huit cartons relatifs à la vie de saint Gilles. Ces modèles étaient destinés à être transformés en tentures, mission qui fut confiée au tapissier Philippe de May[1]. Évidemment, il s'agit d'une œuvre d'artiste et Gérin méritait bien ce titre, quoique Caylus, qui ne sait même pas son nom, écrive avec beaucoup de désinvolture : « Ce que Watteau fit chez ce peintre ne nous est pas connu et nous ne devons pas le regretter ; car je crois me souvenir que ce maître ne peignit qu'à la toise, ou du moins il s'en falloit si peu que cela ne vaut pas la peine d'être discuté. »

En 1685, Gérin travaillait pour la ville de Valenciennes et il peignait les armoiries royales dans la grande salle d'entrée du bâtiment occupé par le gouverneur Magalotti. En 1692, il était « maître et ancien de l'art des peintres ». Il est mort le 7 juin 1702.

Ce que valait le talent de Gérin, on peut le savoir. Des nombreuses peintures qu'il a exécutées pour les chapelles de Valen-

---

[1] A.-J. Potier. *Livret historique du Musée de Valenciennes*, 1841, p. 180.

ciennes et des environs, tout n'est pas perdu. Il reste de lui une *Adoration des Mages* à Notre-Dame de Douai, et un *Moine adorant le petit Jésus* dans l'église de Fresnes[1]. Le Musée de Valenciennes ne possède de Gérin qu'une assez faible peinture, *Un Enfant appuyé sur une tête de mort et soufflant des bulles de savon*. Mais la chapelle de l'hôpital a donné asile à une composition plus sérieuse, *Saint Gilles guérissant les malades*. Ce tableau est signé *J.-A. Gérin*, 1691. Aucune de ces œuvres n'éveille la pensée d'un maître peignant à la toise, comme le croyait Caylus; mais ce sont les peintures d'un artiste qui n'a pas su se défendre contre la décadence environnante. D'après Léon Dumont, les caractéristiques de Gérin sont la sécheresse du trait et la faiblesse du coloris[2]. Constater l'indigence du maître, c'est faire ressortir la puissance et la parfaite originalité de l'élève.

Dans son livre sur Watteau[3], John Mollett fixe à 1698 la date de l'entrée du jeune peintre dans l'atelier de Gérin. Aux termes des statuts de la corporation de Valenciennes, la durée obligatoire de l'apprentissage était de trois ans. Quelques élèves, ambitieux de connaître plus à fond les secrets du métier, prolongeaient volontairement ce stage. Il ne semble pas que tel ait été le cas de Watteau, car Albert Gérin meurt en 1702. A cette date, son élève a dix-huit ans : tout porte à croire que, malgré son assiduité au travail, il n'était encore qu'un écolier en proie à bien des incertitudes.

---

[1] Hécart, l'auteur de la *Biographie Valenciennoise* (1826), signale un autre tableau de Gérin dans l'église Sainte-Catherine à Lille ; mais, d'après les dernières nouvelles, ce tableau aurait disparu.

[2] *Antoine Watteau*, Valenciennes, 1866, p. 19.

[3] *Watteau*, Londres, 1883.

Il est vrai que, pendant la durée de son apprentissage, Watteau pouvait suppléer à l'insuffisance de son maître par l'étude des œuvres d'art que possédaient alors les églises de Valenciennes et les maisons religieuses de la région voisine. Si, comme on doit le croire, il a fait quelques promenades dans les environs, il a dû voir au maître-autel de l'église abbatiale de Saint-Amand le grand triptyque de Rubens dont le panneau central raconte la *Lapidation de saint Étienne*, dont les volets montrent, quand ils sont ouverts, la *Prédication du Saint* et sa *Mise au tombeau*; quand ils sont fermés, le motif traditionnel de l'*Annonciation*. Watteau vivait d'ailleurs entouré d'œuvres flamandes. Sans quitter Valenciennes, il pouvait étudier à l'église Saint-Jacques — celle-là même où il avait été baptisé — un bon tableau de Van Dyck, le *Martyre de saint Jacques*; à l'abbaye de Saint-Jean un Martin de Vos de 1593, la *Circoncision*. Les Dominicains avaient un Abraham Janssens et un Crayer. Toutes ces peintures dataient de l'heure glorieuse; car pour les œuvres des contemporains, qui se croyaient fidèles à la grande tradition flamande, elles n'étaient plus que les répliques appauvries ou les délayages d'un idéal fatigué, et parmi les productions de Gaspard Mignon, de Robert Alardin et des autres confrères de la corporation de Saint-Luc, aucune n'était de nature à provoquer un jeune enthousiasme et à donner un bon conseil.

Watteau est d'autant plus grand qu'il a poussé, fleur privilégiée, au milieu d'une lande presque stérile. Dans la Flandre, comme dans les régions qui obéissaient au même idéal, le xviie siècle a fini tristement. Le dernier coloriste, Jordaens, était mort en 1678; Gonzalès Coques disparaît au moment même où

Watteau vient au monde. David Téniers prolonge sa vie jusqu'en 1690. Après lui, un morne silence. Il ne reste plus qu'un vigoureux paysagiste, Cornelis Huysmans de Malines, et s'il existe encore quelques autres maîtres flamands, les uns sont en Hollande, comme le fleuriste Elias van den Broeck, ou à Paris, comme Van der Meulen qui, du reste, va mourir. C'est une débandade universelle. Sans doute, on n'a pas cessé de faire de la peinture à Anvers, à Bruxelles, à Gand; mais, ainsi que l'a fort bien dit J.-A. Wauters, tout cela est « incolore et maladif ». Un souffle de décadence a passé sur l'âme flamande. Pour se développer et pour grandir, Watteau avait besoin de changer d'horizon.

Il vint à Paris. On assure qu'il quitta Valenciennes en 1702, au moment de la mort de Gérin. Sur ce premier voyage, il y a une ou plusieurs légendes. D'après le conte que reproduit John Mollett, Watteau aurait été amené à Paris par un peintre de sa ville natale, décorateur de son métier, et celui-ci, qui avait des intelligences dans la place, l'aurait immédiatement fait travailler à des décors pour l'Opéra. Cette historiette, empruntée sans doute à une phrase de la notice que Julienne a mise en tête des *Figures de différents caractères*[1], a fait le bonheur des romanciers, parce que les coulisses d'un théâtre, c'est le monde où ils aiment à voir grandir le Watteau qu'ils imaginent; c'est la vie amoureuse et libre, le baiser effleurant les épaules des danseuses indulgentes; c'est l'embarquement pour Cythère avant que

---

[1] « Il fit connoissance avec un autre peintre (de Valenciennes), qui se donnoit pour habile dans les décorations de théâtre et qui, sur cette réputation, fut mandé en 1702 pour l'Opéra de Paris. Le jeune Watteau… obtint de son nouveau maître de l'y accompagner. »

COMPOSITION DÉCORATIVE DE WATTEAU, GRAVÉE PAR BOUCHER

(Cabinet de M. de Julienne.)

l'heure du départ ait sonné, avant que les petits cupidons roses
aient préparé les voiles du galant esquif. Malheureusement le
prétendu décorateur valenciennois qui introduit à l'Opéra ce
frêle garçon de dix-huit ans et d'allure fort provinciale, est
introuvable pour l'histoire et semble une invention de la fantaisie. Le maître de la maison à cette époque, c'est Jean Bérain
dont Mariette a dit : « Jamais il n'y a eu de décorations de
théâtre mieux entendues, ny d'habits plus riches et d'un meilleur goût que ceux dont il a donné les desseins pendant qu'il a
été employé pour l'Opéra de Paris, c'est-à-dire pendant presque
toute sa vie. » Bérain a donc régné jusqu'en 1711. Il a eu sans
doute des collaborateurs, mais, les théâtres brûlant avec leurs
papiers, il est bien difficile de savoir aujourd'hui s'il a jamais fait
appel au mystérieux décorateur de Valenciennes.

Le récit de Gersaint est plus simple et plus vraisemblable.
L'Opéra n'est pas de la fête. Watteau est jeune, il a l'esprit
d'aventure, il a compris l'insuffisance de ses maîtres : il « quitta
la maison paternelle sans argent et sans hardes, dans le dessein
de se réfugier à Paris chez quelque peintre pour pouvoir y faire
quelque progrès ».

Si l'on se rapporte aux habitudes du temps, on doit supposer
que Watteau, à peine débarqué, dut chercher à entrer en relation
avec les membres de la colonie flamande, alors fort nombreuse
à Paris et vivant à l'ombre de Saint-Germain-des-Prés et dans
les environs des Gobelins. C'est sans doute dans ce groupe de
compatriotes qu'il aura rencontré Jean-Jacques Spoede, qui
devint bientôt son ami. Spoede, né à Anvers, était alors élève
de l'Académie royale et il inspirait même des espérances, car il

avait obtenu en 1700 un « prix de quartier », c'est-à-dire une des récompenses qui se distribuaient tous les trois mois. Le pauvre Spoede a trompé la confiance de ses maîtres; mais il a été le premier ami de Watteau et son nom nous reste cher.

Sur cette période qui fut marquée par une certaine misère, l'histoire n'a rien gardé. Gersaint, à qui Watteau a confié ses souvenirs de jeunesse, nous dit seulement : « Le hasard le fit tomber chez un nommé Métayer, peintre médiocre, qu'il quitta bientôt faute d'ouvrage. » Nous avons beaucoup cherché ce Métayer et il y a même quarante ans que nous le cherchons; mais il se dérobe obstinément à toutes nos poursuites[1]. Les pauvres diables, les vaincus de l'art et de la vie, ne laissent pas de trace de leur passage. Nous ignorons Métayer. Il ne faut pas d'ailleurs le regretter plus que de raison, car le court séjour que Watteau a pu faire dans son atelier ou dans sa boutique n'a dû exercer aucune influence sur le débrouillement de son talent.

Gersaint, dont le récit nous inspire une certaine confiance, s'abstient d'ouvrir à Watteau les coulisses de l'Opéra. Après l'inutile tentative faite chez Métayer, où l'ouvrage manque et où doit manquer le salaire, il l'enrôle chez un barbouilleur du pont Notre-Dame, qui avait pour industrie de faire faire à des jeunes gens mal payés des tableaux à la douzaine, copies d'un original sans cesse reproduit, peintures grossières destinées aux

---

[1] Et cependant tout espoir n'est pas perdu. Un certain Abraham Mettayer, qui prend le titre de peintre, assiste, en 1675, aux funérailles d'un sculpteur, en 1680 à celles de son frère. Mêmes cérémonies en 1683 et en 1684. Tous ces enterrements ont lieu au cimetière protestant de la rue des Saints-Pères. S'il a vécu jusqu'en 1702, cet infatigable nécrophore a pu être le patron de Watteau. Il avait des doutes sur l'orthographe de son nom, et sa signature a toujours été flottante, *Maittayez, Maitëië, Maittaye*. V. Herluison, *Actes d'état civil d'artistes français*, Orléans, 1873 ; p. 297, 298, 347 et 349.

églises de village, pastiches approximatifs dédiés aux amateurs sans défense. C'était là un assez vilain métier. Il est certain que la production des faux tableaux était alors très active : les habitués de l'hôtel Drouot en savent quelque chose, car parmi les copies, plus ou moins trompeuses, qu'on essaie de leur vendre, beaucoup datent précisément de la vieillesse de Louis XIV. En rapprochant des souvenirs de Gersaint les détails consignés par Caylus dans son mémoire académique, on voit que Watteau, en sa période de servitude chez le brocanteur du pont Notre-Dame, travaillait dans tous les genres. Il a multiplié à de nombreux exemplaires un certain *Saint Nicolas*, qu'il avait fini par reproduire sans modèle, car, ainsi qu'il l'a dit lui-même à son ami Gersaint, il le savait par cœur ; il a copié aussi un Gérard Dov, une vieille liseuse à lunettes, dont il serait bien curieux de retrouver un échantillon. Un salaire misérable — trois livres par semaine et la soupe tous les jours — récompensait ce travail accablant. Le pauvre Watteau, maigre et souffreteux aux approches de la vingtième année, aurait eu besoin d'une hygiène meilleure, aussi bien pour sa santé que pour son talent.

Et lorsque, le dimanche, il voulait se refaire l'esprit et le cœur, quelles ressources avait-il ? Il ne pouvait guère voir de la peinture que dans les églises, car la cohue anonyme des déshérités dont il faisait partie n'avait point ses entrées à Versailles et ignorait les tableaux de la collection royale. On ne pénétrait pas aisément au Luxembourg où Rubens trônait dans sa gloire. Pour les œuvres modernes, très nombreuses alors, puisqu'on a beaucoup travaillé chez les Coypel et chez les Boullogne, Watteau les a vues et on peut dire qu'il en a souffert. Dans la haute

clairvoyance de son instinct en voie d'éclosion, il ne pouvait que
constater les signes d'une décadence tous les jours plus mena-
çante. L'exposition de 1704, qu'il aura sans doute visitée, lui fit
comprendre de quel trouble l'école était envahie. Le groupe
académique vieillissait. Watteau regarda néanmoins les trois
grands tableaux de Jouvenet, les *Vendeurs chassés du Temple*, le
Repas chez le Pharisien, la *Résurrection de Lazare ;* il vit les pastels
de Vivien, des animaux de Desportes, des portraits de Rigaud,
de Tournière et surtout de Largillière où les colorations rappe-
laient les souvenirs d'un apprentissage anversois ; mais à côté
de ces peintures qui ne pouvaient que rendre plus amers ses
tristes travaux de l'officine du pont Notre-Dame, il vit aussi des
choses qui de tout temps éveillèrent en lui la révolte, c'est-à-dire
les exercices de rhétorique d'Antoine Coypel et beaucoup de
mythologies où manquait la grâce vivante.

Peut-être, ayant déjà dans l'esprit un vague appétit de nou-
vauté, Watteau s'arrêta-t-il un instant devant les tableaux de
Santerre. Il y avait là un élément de singularité et de caprice.
Ce quinquagénaire s'émancipait et prenait des airs amoureux. Il
essayait timidement d'introduire dans les chairs féminines un
commencement de morbidesse, comme on le voit dans la
Suzanne qui est précisément son morceau de réception en 1704.
Bien qu'elle fût à peine indiquée, la tentative était nouvelle. On
peut croire qu'elle intéressa Watteau qui, jugeant les choses
avec ses souvenirs flamands, pensait que ce qui manquait le
plus à l'école académique, c'était de savoir peindre les chairs
moites et palpitantes sous la caresse du rayon. Ce grand secret,
il songea à le révéler à la France ; mais il n'était pas encore en

mesure d'enseigner : il fallait conquérir la toison d'or, avant
d'en faire des largesses à ses amis et à ses rivaux.

Il en était là de ses inquiétudes d'artiste et de sa vie beso-
gneuse, lorsqu'un hasard heureux le mit en relation avec Claude
Gillot. Pour la première fois, Watteau rencontrait un artiste,
un maître capable de lui enseigner quelque chose. Né à Langres
en 1673, Gillot avait onze ans de plus que son nouvel ami. Par
ses origines, il se rattachait au mouvement du monde académique, puisqu'il était l'élève de Jean-Baptiste Corneille et qu'il
avait été nourri de la sève de l'orthodoxie. Il aurait eu le droit
d'être en retard, mais l'esprit souffle où il veut. Gillot croyait
à la souveraineté de la fantaisie, bien qu'il eût conservé l'habitude de disposer ses inventions dans des formules symétriques
à la Bérain. Il s'était épris d'un goût très vif pour les fêtes du
théâtre ; il dessinait des costumes, et il avait particulièrement
étudié les types de la Comédie italienne. Mais je dois dire qu'au
moment où Gillot fit la rencontre de Watteau, son agile crayon
ne trouvait pas beaucoup d'emploi du côté de l'hôtel de Bourgogne. On sait, en effet, que l'histoire des bouffons italiens
présente, pendant la vieillesse de Louis XIV, un lamentable
entr'acte. Au temps où les deux maîtres se connurent, la rieuse
maison était fermée. Il suffit d'avoir lu Saint-Simon et les mé-
moires contemporains pour savoir qu'au mois de mai 1697, les
comédiens avaient imaginé de jouer une pièce intitulée la *Fausse
prude*. Grand émoi à la cour ! A tort ou à raison, Louis XIV
supposa que ces farceurs, déjà un peu suspects, avaient voulu
mettre en scène son amie Mme de Maintenon. De là un accès de
colère que le lieutenant de police ne manqua pas de partager et

qui aboutit à l'apposition des scellés sur les portes de la Comédie et à la dispersion des acteurs, expulsés non seulement de
leur théâtre, mais du royaume. Cet exil dura dix-neuf ans. Les
bouffons ne recommencèrent leurs momeries que lorsque, le
vieux roi étant mort, le Régent les rappela en 1716. Il y a donc
entre ces deux dates une vacance dont Paris s'attrista et qui
interrompit les études de Gillot tout en le privant d'un travail
qu'il aimait. On sait que ce départ de la Comédie italienne en
1697 a fourni à Watteau le sujet d'un tableau gravé par L. Jacob.
A cette époque Watteau, âgé de treize ans, n'avait pas encore
quitté Valenciennes et il n'a pu connaître l'événement que par
les récits des vieux amateurs parisiens. Il lui a fallu faire un effort
rétrospectif et recourir à son imagination pour composer cette
scène où les officiers de la police hâtent le déménagement forcé
des comédiens de l'hôtel de Bourgogne. Mais Gillot avait pu
assister à cette déroute, et j'imagine que c'est dans ses conversations, peut-être dans ses croquis, que Watteau, faisant revivre
un monde disparu, a pu puiser l'idée de ce tableau, dont l'exécution est d'ailleurs fort postérieure à l'aventure qu'il raconte.
Ajoutons que cette peinture, d'une dimension très exiguë, appartenait, quand Jacob grava son cuivre, à l'abbé Penety, secrétaire
de l'envoyé de Florence. Elle est depuis longtemps perdue.
Nous ne la connaissons plus que par l'estampe.

Cet exil provisoire de la Comédie italienne est un fait dont
l'historien de Watteau doit tenir compte : ce monde amoureux
que Colombine égaie de son sourire, où Pierrot promène sa
face enfarinée et dont les gambades d'Arlequin rythment le sau-
tillement perpétuel, Watteau n'a pu en avoir la vision directe et

LE BUVEUR, PAR WATTEAU

(Composition décorative de l'ancien hôtel Poulpry, gravée par Aveline.)

vivante qu'à partir de 1716, c'est-à-dire lors de la réouverture
de l'hôtel de Bourgogne ; mais, bien que les comédiens fussent
absents par ordre du roi, les types et les costumes étaient conservés
dans la mémoire populaire comme dans les croquis de Gillot
et on les voyait reparaître çà et là dans les mascarades ou sur
les tréteaux des spectacles forains. Il reste donc vraisemblable,
sinon certain, que c'est Claude Gillot qui a révélé à Watteau le
personnel de la troupe italienne, de même qu'il a pu lui enseigner quelque chose du décor qui allait devenir à la mode. Qu'on
le considère comme dessinateur ou comme graveur, Gillot a
l'outil preste et spirituel. Ses peintures, de tous temps fort rares,
ont disparu, mais elles devaient avoir le même caractère. A propos de son tableau, le *Triomphe d'Arlequin dieu Pan*, gravé en
manière noire par Jean Sarrabat, Mariette déclare que cette
composition marque, dans l'histoire, la naissance d'un style, et
que l'œuvre a été le point de départ de beaucoup d'autres et
même de certaines inventions de Watteau.

Dans l'éloge qu'il a mis en tête des *Figures de différents caractères*, Julienne écrit : « Gillot ayant vu quelques dessins et tableaux
de la main de Watteau qui lui plurent, l'invita à venir demeurer
avec lui. » Si le fait est exact, il est tout à l'honneur de Gillot,
dont l'âme s'ouvrit sans doute à la pitié en voyant ce jeune
homme sans travail et un peu errant dans Paris. Il serait intéressant de préciser la date de cette liaison. Caylus, d'accord avec
Julienne, la fait remonter « vers le temps où Gillot fut agréé
à l'Académie ». Or, Gillot n'a été agréé que le 26 juillet 1710[1].

---

[1] *Procès-verbaux de l'Académie royale de peinture*, t. IV, p. 109.

Il est vraisemblable que les deux biographes, au lieu de recourir aux registres, ont cité de mémoire, car la rencontre de Watteau et de Gillot doit être antérieure à cette date. Dans tous les cas, leur camaraderie ne fut pas de longue durée. Ils s'entendaient sans doute sur l'idéal, mais leur caprice n'était pas toujours d'accord. Des froissements s'étant produits entre eux, les deux artistes se brouillèrent. « Ils se quittèrent mal, dit Caylus, et toute la reconnaissance que Watteau ait pu témoigner à son maître pendant le reste de sa vie s'est bornée à un profond silence. Il n'aimoit pas même qu'on lui demandât des détails sur leur liaison et sur leur rupture, car, pour ses ouvrages, il les vantoit et ne laissoit point ignorer les obligations qu'il lui avoit. » En parlant ainsi de Gillot, Watteau ne faisait que son devoir, puisque, comme l'a dit Gersaint, c'est chez lui « qu'il se débrouilla totalement ». Plus tard les deux compagnons se retrouvèrent à l'Académie : on sait d'ailleurs que le maître survécut à l'élève, Gillot n'étant mort que le 7 mai 1722.

En quittant Gillot, Watteau dut se mettre en quête d'un nouveau patron et d'un nouveau logis. Il trouva un bienveillant accueil chez Claude Audran qui demeurait au Luxembourg en qualité de concierge. Ce mot n'a rien qui doivent inquiéter le lecteur. Dans le langage du temps, le concierge n'est nullement un suisse chargé d'ouvrir et de fermer les portes ; mais un fonctionnaire, une sorte de conservateur des bâtiments, qui a la haute surveillance d'un palais. Ainsi que le dit Caylus, Audran était essentiellement un galant homme. De plus, il était peintre, et, comme décorateur, il occupait dans l'estime publique une situation privilégiée. Sa réputation égalait celle de Jean Bérain.

ÉTUDE DE JEUNE FEMME, PAR WATTEAU
Collection de M. Bonnat.

Mais Jean Bérain était surtout un dessinateur ; Audran savait
mieux que lui le maniement du pinceau et les ressources des
colorations. Pendant la vieillesse de Louis XIV et sous la
Régence, le véritable faiseur d'arabesques, celui qui excelle à
semer sur des fonds blancs ou sur des fonds d'or la gaieté des
guirlandes fleuries et des rinceaux délicats, c'est Claude Audran.
Dès 1696, il avait fait des peintures dans l'hôtel de la duchesse
de Bouillon et, comme le rapporte Germain Brice, revu et
complété par Mariette, il était alors le premier décorateur pour
les « grotesques ». On peut en juger, dit-il, « par plusieurs de
ses ouvrages qui sont répandus en différens endroits, particulièrement dans le château de Meudon, dans celui d'Anet, dans
la Ménagerie de Versailles et dans le château de la Muette où il
a fait des choses dignes d'admiration, plus belles et plus ingénieuses que tout ce qui s'étoit vu jusqu'ici en France en ce
genre singulier[1] ».

Watteau, qui avait naturellement le pinceau léger, devint
pour Audran un très précieux collaborateur. On a dit que son
nouveau maître l'employait de préférence à peindre les figurines
qu'il jugeait à propos d'introduire dans son décor : nous croyons
que Watteau, déjà initié par Gillot aux caprices de la ligne, travaillait aussi aux arabesques, à ces entourages ajourés, à ces
enroulements de feuillages chimériques ou réels qui circonscrivent un camaïeu central et le font valoir, comme le cadre
achève le tableau. Dans toutes ces fantaisies, Watteau introduisait un esprit de renouvellement, dont Audran fut assez libéral

---

[1] G. Brice. *Description de la ville de Paris*, 1752, III, p. 404.

pour ne se point fâcher, bien qu'il fût encore très louis-quatorzien par son éducation et ses attaches de famille.

Watteau se souvint toute sa vie de sa collaboration avec Audran. Bien des fois, il a fait œuvre de décorateur, et cette gloire lui reste acquise d'avoir été, dans l'ornement, un de nos maîtres les plus ingénieux. Son passage a laissé une longue trace dans l'histoire de l'école. Malheureusement, les peintures que lui a inspirées son goût pour le décor sont presque toutes perdues et celles qu'on croit retrouver çà et là ne sont que des ouvrages de seconde main, des imitations plus ou moins infidèles. Nous avons, cependant, reconnu l'esprit de Watteau et, pour ainsi dire, son écriture, dans deux panneaux qui furent exposés en 1880 au Musée des Arts décoratifs et qui appartenaient alors à M. le comte de la Béraudière. Ces arabesques, distribuées dans des panneaux étroits, provenaient d'un cabinet de l'hôtel Poulpry, rue de Poitiers[1]. C'étaient des ornements semés sur un fond d'un blanc doucement teinté : la couleur, sans être pâle, se maintenait dans des tons modérés, sans taches vives, en vue de l'harmonie de l'ensemble qui, systématiquement, restait clair. Le pinceau s'y montrait alerte et léger et courait sur les choses comme l'aile d'un oiseau sur des fleurs. Ce système de décora-

---

[1] Deux des panneaux de l'hôtel Poulpry, le *Faune* et le *Buveur*, ont été gravés par Aveline ; Moyreau a gravé les deux autres, la *Folie* et *Momus*. Le 26 avril 1889, à la vente de Mme de la Béraudière, on a vu reparaître deux panneaux décoratifs qui avaient appartenu à son mari, l'*Enjôleur* et le *Faune*. Ces deux panneaux furent vendus ensemble 6,810 francs. C'étaient les numéros 86 et 87 de la vente de la Béraudière. Tous deux sont parfaitement authentiques : la partie ornementale est, comme je l'ai dit, un peu maigre ; mais, particulièrement dans l'*Enjôleur*, les figures sont charmantes. Le berger galant entraîne la bergère par un mouvement léger et vif : on peut voir ici la preuve que ces travaux décoratifs ne sont pas tous de la jeunesse de Watteau. Il y est revenu plus d'une fois, même à l'époque où il était complètement affranchi. Les colorations sont très claires sur des fonds blancs.

tion, parfois un peu maigre et, dans tous les cas, formellement contraire à celui de l'école de Versailles, Watteau l'a appliqué à la parure des lambris d'un cabinet de l'hôtel de M. de Chauvelin, qui fut plus tard garde des sceaux. C'est Mariette qui nous parle de ces peintures. Elles étaient au nombre de quatre et ont été gravées sous le titre de *Feste bachique*, la *Balanceuse*, *Partie de chasse* et le *May* par Moyreau, Lebas, Scotin et P. Ave-

LA FAVORITE DE FLORE
D'après la gravure de Moyreau.

line. Ces diverses scènes sont encadrées dans un entourage à la Claude Audran. Le renseignement donné par Mariette n'implique aucune chronologie et ne permet pas de dater l'œuvre. M. de Chauvelin n'a été nommé garde des sceaux qu'en 1727: Watteau n'a pu travailler pour le chancelier qu'avant sa promotion, alors qu'il était conseiller au grand Conseil, maître des requêtes ou avocat général. Enfin, si l'on voulait être tout à fait prudent, la phrase de Mariette pourrait être entendue en ce sens, que les peintures auxquelles il fait allusion décoraient la maison de la rue des Saints-Pères qui, au moment où il rédigeait sa note, s'appelait l'hôtel Chauvelin. Quant aux estampes qui les reproduisent, elles n'ont été publiées qu'en 1731, dix ans après la mort du maître.

Le *Dénicheur de moineaux*, peinture sur toile, qui a été gravée par Boucher et qu'on retrouve au catalogue du cabinet de Julienne, vendu en 1767, est aussi un décor. Pierre Remy l'enregistre, avec raison, comme un tableau d'arabesques. Et, en effet, les deux figures — le berger tenant un nid, la bergère penchée vers le dénicheur — ne jouent qu'un rôle accessoire dans la composition dont le centre est occupé par l'écu aux armes de France et qu'enrichissent à profusion des feuillages, des animaux, de petits chèvre-pieds à la Gillot, une musette, un chaperon enguirlandé et tout le bric-à-brac pastoral qui va devenir la proie des imitateurs. En raison de la dimension restreinte de cette peinture, — 14 pouces de hauteur, — on doit la considérer, moins comme une œuvre définitive que comme une maquette destinée à être agrandie. C'était un modèle dédié aux décorateurs de profession. Watteau a fait beaucoup de projets de ce genre. Il faut placer dans la même catégorie les *Singes de Mars*, arabesque sur fond blanc, de la vente Cayeux (1766), et cette allégorie un peu froide qu'on appelle l'*Alliance de la Musique et de la Comédie*, que Moyreau a gravée et que nous avons vu passer à la vente Baroilhet en 1856. Les deux Muses y sont représentées avec leurs attributs. On connaît bien cette peinture qui est restée longtemps chez un expert de Paris.

LES PLAISIRS DE LA JEUNESSE, PAR WATTEAU
(Écran gravé par Huquier.)

Watteau a aussi appliqué son caprice à l'ornementation de certains meubles. On payerait cher aujourd'hui le paravent de quatre feuilles qu'a possédé Blondel de Gagny et qui était décoré de médaillons ovales figurant les Quatre Saisons. Un autre paravent de six feuilles, représentant des pastorales et des personnages de théâtre, a été gravé par L. Crépy fils. Watteau

MODÈLE D'ÉCRAN
(D'après la gravure de Huquier.)

a même peint des dessus de clavecins. Il nous reste une gravure de Caylus, d'après un dessin que Watteau avait fait pour la décoration d'un de ces meubles que le luxe du temps n'aimait pas à voir sans parure. Huquier et les éditeurs d'estampes nous

ont aussi conservé des modéles d'écrans. Enfin, nous connaissons, par une planche de Moyreau, le dessin d'un grand car-
touche ovale destiné à l'ornementation d'un frontispice. Nous
reproduisons ce cadre sans pouvoir le qualifier de chef-d'œuvre.

Pour reconstituer la physionomie de Watteau décorateur, il
faudrait retrouver quelques-unes des figures qu'il avait peintes
au château de la Muette, alors qu'il travaillait avec Audran ;
mais le goût change si vite en France, que ces peintures ont été
détruites de bonne heure et que les livres n'en parlent pas. Ce
silence est des plus étranges. Dans ses *Environs de Paris* (édition
de 1754), d'Argenville visite la Muette ou « la Meute », comme
on écrivait alors, sans dire un mot des décorations de Watteau.
Avaient-elles déjà disparu ? Notre unique ressource, c'est l'estampe. Boucher a gravé douze pièces sous le titre : *Diverses
figures chinoises, peintes par Watteau, tirées du cabinet de Sa Majesté,
au château de la Meute*. Avec l'adjonction d'un mot — le mot
tartares, — ce titre est celui du recueil de douze autres pièces
gravées par Jeaurat. A ces vingt-quatre estampes, il faut en
ajouter encore six, par Aubert, dont les originaux avaient aussi
été empruntés au cabinet de la Muette. Dix ans après la mort de
Watteau, le recueil était complet et le *Mercure* de novembre 1731
annonçait la publication des trente planches qui le composent.

Il n'est pas besoin de dire que ces Chinois et ces Tartares de
Watteau — il y a même parmi eux une femme du pays de Laos
— sont d'une ethnographie quelque peu suspecte. Watteau ne
pouvait pas en savoir bien long sur la Chine et sur les régions
limitrophes. Nul doute que l'imagination n'ait joué un certain
rôle dans les peintures de la Muette. Et cependant Edmond

de Goncourt nous révèle à ce propos un fait imprévu. Il existe à l'Albertina de Vienne un grand dessin à la pierre noire où Watteau a représenté un Chinois, visiblement étudié d'après nature dans la physionomie particulière de son type et de son costume. L'artiste a même pris soin de nous conserver le nom de son modèle qui s'appelait F. Sao. Il est curieux de saisir un élément de vérité dans des figures qui, en raison de l'ignorance d'un temps où la sinologie était rare, semblent tout d'abord inspirées sinon par un pur caprice, du moins par la vue de quelques magots empruntés à un meuble de laque ou à des potiches de porcelaine. Malgré leur provenance conjecturale, ces Chinois de la Muette n'en ont pas moins engendré une postérité très nombreuse. La chinoiserie, continuée par Boucher, par Christophe Huet, par Peyrotte et par d'autres dont nous ne savons pas les noms, sera jusqu'à la Révolution l'amusement du xviiie siècle.

Sans essayer de dater les peintures de la Muette [1], il est certain que Watteau a beaucoup appris dans sa collaboration avec Claude Audran. Il avait sous les yeux l'exemple d'un bon travailleur à qui toutes les choses du décor étaient familières. Mais il trouvait au Luxembourg des enseignements bien autrement féconds. C'étaient d'abord le palais et ensuite les jardins qui faisaient à l'ancienne résidence une verte ceinture de feuillages. L'aile droite du palais renfermait alors la galerie où Rubens a ra-

---

[1] Nous remarquons une fois de plus que la chronologie manque terriblement à l'œuvre de Watteau. Si nous parlons ici des chinoiseries de la Muette, c'est parce qu'il nous a paru logique de les comprendre dans le paragraphe consacré à Watteau décorateur. Mais nous ne les datons pas. Ces peintures sont peut-être postérieures au moment supposé. En effet, c'est en 1716 que la duchesse de Berry, fille du Régent, achète la Muette. Il est possible que la décoration du petit palais n'ait été exécutée qu'à la suite de cette acquisition.

conté l'histoire allégorique de Marie de Médicis. Le « concierge »
Audran en avait les clefs, et plus d'une fois, il a pu introduire le
jeune Watteau dans cette longue salle où le génie flamand a semé
quelques-unes de ses fleurs. Nul livre ne lui fut plus utile. Dans
ces blondes carnations caressées par la lumière, dans ces har-
monies faites de contrastes où les clartés jouent avec les ombres
chaudes, Watteau retrouvait les impressions qu'il avait éprou-
vées, lorsque, au temps de sa première jeunesse, il se lançait, à
Valenciennes et aux environs, à la découverte de Rubens. Watteau était là dans le pays de ses rêves. Tous ceux qui l'ont
connu, et particulièrement Caylus, signalent l'ardeur avec
laquelle il dessina ou copia plusieurs des peintures du maître
qu'il aimait. Mais son œuvre est ici plus significative que les
textes : elle dit avec une éloquence dont nous fournirons les
preuves, que Watteau est un élève posthume du grand maître
d'Anvers. Nous montrerons que, pour la technique, les prépa-
rations des dessous et certains costumes de satin aux lumières
chatoyantes révèlent la main d'un artiste qui a pénétré le secret
de Rubens. Du reste, Watteau, qui a si peu écrit, a fait hautement l'aveu de son culte. On se rappelle avec quel enthousiasme
il ouvre son cœur dans une lettre sans date qu'il adresse à
l'amateur Julienne. Un ami lui avait envoyé un tableau de
Rubens. De là, le cri de joie et presque d'adoration dont une
modeste feuille de papier nous a conservé l'écho :

« Monsieur ! Il a pleu à mon sieur l'abbé de Noirterre de me faire l'envoi de
cette toile de P. Rubens où il y a les deux testes d'anges et au-dessous sur
le nuage cette figure de femme plongée dans la contemplation. Rien n'auroit
seu me rendre plus heureux assurément si je ne restois persuadé que c'est

NIKOU, PAR WATTEAU.

(Peinture du château de la Muette, gravée par Boucher.)

par l'amitié qu'il a pour vous et pour M. votre neveu, que monsieur de Noirterre se dessaisit en ma faveur d'une aussi rare peinture que celle-là.

« Depuis ce moment où je l'ai reçue, je ne puis rester en repos et mes yeux ne se lassent pas de se retourner vers le pupitre où je l'ai placée comme dessus un tabernacle! On ne sauroit se persuader facilement que P. Rubens aie jamais rien fait de plus achevé que cette toile. Il vous plaira, monsieur, d'en faire agréer mes véritables remerciements à monsieur l'abbé de Noirterre jusques à ce que je puisse les luy adresser par moy-mesme. Je prendrai le moment du messager d'Orléans prochain pour luy escrire et luy envoier le tableau du repos de la sainte famille que je luy destine en reconnoissance.

« Votre bien attaché amy et serviteur, monsieur [1]. »

Lorsqu'il avait consacré quelques heures à étudier les Rubens du Luxembourg, Watteau descendait au jardin. C'était pour y travailler encore. Caylus a parlé de ces utiles promenades. « Ce fut là, dit-il, qu'il dessinoit sans cesse les arbres de ce beau jardin qui, brut et moins peigné que ceux des autres maisons roïales, lui fournissoit des points de vue infinis. » La vérité est que les pauvres arbres du Luxembourg avaient beaucoup souffert du rigoureux hiver de 1670 et qu'on n'avait pas songé encore à y faire les plantations nouvelles dont l'auteur des *Curiositez de Paris* nous entretient en 1716. Malgré le désordre du jardin, les promeneurs y venaient toujours en foule. C'est encore l'écrivain des *Curiositez* qui nous parle de la balustrade de marbre blanc placée sur le devant de la terrasse. « Elle sert d'appui, dit-il, à ceux qui s'y mettent ordinairement pour examiner, louer ou critiquer les nouvelles modes des habits et parures des dames, les agrémens et les défauts des personnes qui se promènent dans les allées. »

[1] *Archives de l'art français*, II, p. 112. Cette lettre n'est pas facile à dater. On remarquera cependant que, contre sa coutume, Watteau s'abstient de baiser les mains de Mme de Julienne. Elle est donc antérieure au mariage de son ami, c'est-à-dire au 9 mai 1720.

ÉTUDE DE FEMMES, DESSIN A LA SANGUINE, PAR WATTEAU

(D'après une gravure de Demarteau.)

Watteau, qui était curieux, a dû, lui aussi, s'accouder à cette balustrade et s'amuser, le crayon à la main, à voir passer et repasser les élégantes. Il aimait les fanfioles de la toilette, et il aurait pu, Gavarni anticipé, donner des conseils aux bonnes fai-

FEMME ASSISE, PAR WATTEAU
(Eau-forte du Recueil de Julienne.)

seuses. Beaucoup de figures, qu'on retrouve dans ses tableaux et qu'on croit chimériques, ont été faites à l'aide de croquis pris sur nature dans les rues ou au spectacle. N'oublions pas ce qu'a dit Dubois de Saint-Gelais : « Watteau s'est attaché aux habillemens vrais, en sorte que ses tableaux peuvent être regardés comme l'histoire des modes de son tems [1]. »

Mais, au défilé des promeneurs, si intéressants pour un

L'HOMME APPUYÉ, PAR WATTEAU

(Eau-forte du Recueil de Julienne.)

artiste de la fin du règne de Louis XIV, Watteau préférait souvent les perspectives du jardin qui, n'étant pas encore entouré de constructions, s'ouvrait largement sur les terrains des cou-

[1] *Description des tableaux du Palais-Royal*, 1727, p. 75.

vents voisins et pouvait donner l'illusion de la campagne. Watteau a fait beaucoup d'études au Luxembourg et il s'en est servi dans ses tableaux. Il y a même trouvé, aux heures où la vapeur indécise estompe les formes, quelques-uns de ces lointains qu'il enveloppe d'une atmosphère vaguement bleuissante, comme s'il songeait à Breughel de Velours, souvenir bien légitime chez un peintre qui, jusqu'à ses derniers moments, a toujours senti ses Flandres lui battre dans le cœur.

II

WATTEAU AGRÉÉ

Dès les premières années de sa jeunesse, Watteau, que quelques-uns ont regardé comme un esprit chimérique et qui, loin de là, fut toujours infiniment sérieux, avait une préoccupation dans l'âme : il voulait dessiner. Son ambition constante était de savoir la forme humaine et de l'exprimer dans la vérité de son mécanisme conscient ou involontaire, dans la souplesse du repos ou du mouvement. C'est à peine s'il avait trouvé à Valenciennes les rudiments de cette patiente étude ; plus tard, il pouvait apprendre bien des choses chez Gillot et chez Claude Audran ; mais l'un s'amusait au caprice ironique, l'autre s'enfermait dans le décor, et chez aucun d'eux Watteau n'était mis en présence de la leçon qu'il jugeait alors la plus salutaire, le modèle vivant.

Or, le modèle était à l'Académie royale. Son ami Spoede lui avait parlé bien des fois de ces longues séances où les élèves, guidés par un professeur changé chaque mois, dessinaient

d'après le vif, et, même en un temps où l'exactitude graphique
n'était pas la muse adorée, apprenaient presque sans le vouloir
les éléments essentiels de la forme, la construction intérieure
et les morbidesses de l'enveloppe qui recouvre l'armature
cachée. N'était-ce pas là ce que Watteau voulait savoir ? En
outre, l'Académie distribuait tous les trois mois des prix de
quartier pareils à celui que Spoede avait obtenu, et tous les
ans, elle organisait un concours solennel dont le résultat impli-
quait pour le vainqueur, non un bénéfice certain, mais une
espérance. En ce moment surtout où le roi faisait la guerre sur
les frontières du Nord et où la situation du Trésor empêché
rendait les largesses difficiles, l'Académie n'avait nullement
qualité pour accorder la haute récompense qui devait plus tard
s'appeler le prix de Rome : elle se bornait, ainsi que disent les
textes, à signaler à l'attention du surintendant des bâtiments
ceux de ses élèves qui étaient le mieux en état de profiter d'un
voyage en Italie. Plus tard, le surintendant prenait les ordres
du roi, et, suivant les circonstances, que la question d'argent
dominait d'ordinaire, le candidat voyait son rêve réalisé ou était
condamné à perdre tout espoir.

Ces perspectives et plus encore l'assurance de pouvoir dessiner à son aise d'après le modèle vivant séduisirent Watteau.
Bien qu'il ne fût pas de tempérament fort académique — il l'a
suffisamment prouvé plus tard — il se fit inscrire au nombre
des élèves de l'Académie.

Les registres de la compagnie n'étant pas d'un abord facile
alors qu'ils étaient manuscrits, nos prédécesseurs n'ont point
connu exactement les faits qui se rapportent au passage de

Watteau à l'école; mais aujourd'hui que ces précieux documents ont été imprimés par les soins de la Société de l'Art français, il est possible de préciser certaines dates et de dire comment l'artiste de Valenciennes a complété à l'Académie l'éducation commencée chez Gillot et chez Audran. On verra qu'il prit au sérieux son rôle d'étudiant et qu'il n'eut point maille à partir avec ses maîtres, comme ceux de ses camarades — le jeune Lancret, par exemple, — qui, malgré les prohibitions réglementaires, persistaient à porter l'épée et furent un instant exclus de l'école.

C'est le 6 avril 1709 que le rédacteur des procès-verbaux eut à écrire pour la première fois le nom de Watteau. Ce jour-là l'Académie procède à une opération importante. Elle examine les esquisses faites « sur-le-champ » par les élèves et elle dresse la liste de « ceux qui sont capables de travailler pour les grands prix ». Avec deux sculpteurs, cette liste comprend cinq peintres : Hutin, Vernansal l'aîné, Grison, Parrocel et Watteau. L'Académie décide en outre que les candidats travailleront « dans les loges que l'on fera incessamment construire dans les lieux ordinaires ». La scène, comme on sait, se passe au Louvre où l'Académie est installée depuis 1692.

Du 6 avril au 23 août, silence complet. On a donné aux concurrents deux sujets tirés de la Bible : le *Retour de David après la défaite de Goliath* et *Abigaïl apportant des vivres à David*. Watteau est en loge, et il travaille. Le 23 août, la compagnie décide que les ouvrages des étudiants seront publiquement exposés le jour de la Saint-Louis, et que les académiciens voteront dans le courant de la semaine. Le samedi suivant (31 août), on ouvre les boîtes où les suffrages ont été déposés. Le scrutin ayant été dépouillé en la manière ordinaire, le premier prix de peinture est attribué à Antoine Grison, le second à Antoine Watteau. Des maîtres considérables ont signé le procès-verbal de la séance : il y avait là Coyzevox et Girardon, Jouvenet et le vieux Lafosse, qui allait devenir le protecteur de Watteau, Rigaud et Largillière, le pastelliste Vivien, l'animalier Desportes, c'est-à-dire d'honnêtes gens qui avaient le droit d'avoir une opinion sur la peinture. Pourquoi ont-ils donné le premier prix à Antoine Grison ? Le pauvre Grison n'a pas d'histoire. Le lecteur, j'en suis sûr, aurait voté pour Watteau. Mais fût-elle composée de demi-dieux, il est bien difficile à une Académie, lorsqu'elle juge des travaux d'élèves, d'avoir une claire prévision de l'avenir.

Ce tableau du concours de 1709 a disparu et nous n'en saurions rien dire. Quelqu'un l'a vu cependant, et en a parlé : c'est le fidèle Julienne. Après avoir raconté que Watteau remporta le second prix, il ajoute : « On vit briller dans le tableau qu'il fit à ce sujet les étincelles de ce beau feu qu'il fit paroître dans la suite. » Il n'en est pas moins vrai que Watteau n'avait eu que le second prix, que cette déconvenue, succédant à une espérance chèrement caressée, dut lui porter un coup sensible, car, on l'a dit, il était de nature mélancolique et, chez lui, tout insuccès ou même toute contrariété provoquait un accès de tristesse. Hâtons-nous d'ajouter que ce que nous écrivons là n'a qu'un caractère conjectural et ne s'appuie sur aucun fait positif : en effet, à partir du concours de 1709, et pendant plus de deux ans, l'histoire est muette sur Watteau. C'est alors sans doute

Watteau pinxit
Thomassin sculp
RECRUE
ALLANT IOINDRE LE
REGIMENT
Se vend A Paris chez Surés sur le quai Neuf aux Armes de France A.P.R.
A Voir marcher cette Recrüe,
On juge bien qu'elle est Recrüe
Par les Vents, et par les frimats;
Leur officier sur sa Mazete
Assi comme sur la sellete
Ne paroist pas êtres moins las
Ils maudissent entre eux sans doute,
La dure et fatiguante Route;
Mais au gîte allant hebenter
Aux depens du premier Village
Ils sçavent se dedommager
De la fatigue du Voiage

que se place un voyage à Valenciennes, voyage certain, puisque tous ses amis en parlent, mais qu'il est impossible d'accrocher au clou d'une date précise. En combinant les récits des biographes avec les faits que nous venons de rapporter, on arrive aux probabilités suivantes :

Pendant les premiers mois de 1709 et sûrement jusqu'au 25 août, jour où les tableaux des élèves furent publiquement exposés, Watteau avait travaillé à l'Académie royale sans déserter l'atelier d'Audran. Si occupé qu'il fut, il avait, « à ses temps perdus », comme dit Gersaint, peint un petit tableau sur cuivre représentant un *Départ de troupe*. Pourquoi avait-il choisi un sujet militaire, lui qui semblait si pacifique et « même un peu berger », ainsi que Caylus devait l'écrire plus tard ? Parce qu'il se souvenait toujours des spectacles qui avaient intéressé sa curiosité d'enfant. En ses premières années, Watteau avait vu beaucoup de soldats à Valenciennes et dans les environs. Les campagnes du Hainaut étaient alors sillonnées par des bataillons en marche. Il vit à sept ans les troupes qui revenaient du siège de Mons, à huit ans, celles qui, conduites par Vauban, allaient investir Namur. Après un assez long entr'acte, la guerre recommençait sur la frontière. L'affaire d'Audenarde est de 1708 ; Marlborough et le prince Eugène devenaient menaçants et Malplaquet se préparait (11 septembre 1709). En allant à son travail, Watteau voyait tous les jours des troupes partir pour l'armée de Flandre ; dans les ateliers de l'Académie, la jeunesse ne parlait que de batailles et de villes assiégées.

Le *Départ de troupe* terminé, Watteau, disciple courtois, ne manqua pas de le montrer à Claude Audran. Le faiseur d'arabesques fut d'abord très surpris : il avait employé son élève à peindre des figurines dans ses panneaux décoratifs ; mais il ne le croyait capable ni de mettre en scène une composition à nombreux personnages, ni de le miniaturer si finement sur le cuivre. Au dire de Gersaint, cet étonnement se serait mêlé d'un certain effroi. Audran comprit que Watteau pouvait le quitter, et, désolé à la pensée de perdre un pareil collaborateur, il ajouta aux compliments qu'il prodigua au jeune peintre le conseil de renoncer à ces sujets anecdotiques et de revenir au décor si digne d'intéresser un artiste et qui, en présence de la mode régnante, lui garantissait des bénéfices assurés. A ce moment de sa vie, Watteau ne connaissait pas encore très bien les hommes ; mais il était assez fin pour deviner ce qu'on ne lui disait pas, et il eut dès lors la conviction, d'abord que son tableau était bon, et ensuite que Claude Audran ne le laisserait pas partir sans lutte. Or, il avait la secrète ambition de s'affranchir. Il ne voulait cependant pas d'ailleurs rompre brusquement avec un maître qui l'avait bien accueilli et lui avait procuré du travail. Il reconnut la nécessité d'avoir recours à un prétexte : ce prétexte n'était pas difficile à trouver. Il avait alors, dit Gersaint, « un petit désir de revoir ses parents ». C'est cette considération, très légitime d'ailleurs, que Watteau invoqua pour vaincre les résistances d'Audran.

Mais, pour entreprendre le voyage de Valenciennes, il fallait quelque argent. A cette époque, Watteau n'avait fait aucune économie. Il alla conter sa peine à son ami Spoede. Celui-ci proposa de vendre le *Départ de troupe* que son jeune camarade venait d'achever et dont Audran avait reconnu les mérites.

Watteau ayant trouvé la combinaison ingénieuse, Spoede porta
le tableau chez Sirois, beau-père de Gersaint. Sirois s'y connaissait, mais il était marchand et, dans cette circonstance, il resta
fidèle à la cruelle loi des affaires. Watteau n'étant pas coté sur
la place, le prix du tableau fut fixé à soixante livres, et le mar-
ché ayant été immédiatement conclu, l'artiste, enchanté et
presque riche, put partir pour Valenciennes.

Comme les livres sont très brefs sur J.-J. Spoede et qu'ils en
parlent même assez inexactement, j'ouvrirai ici une parenthèse
pour dire ce qu'a été l'ami de Watteau. Les musées l'ont traité
du haut de leur grandeur et n'ont pas recueilli ses œuvres, mais
nous en connaissons quelques-unes. Elles sont toutes postérieures à 1709. A ce moment, le peintre anversois, dont la vie
commence au xviie siècle et doit se prolonger jusqu'au 26 novembre 1757, est encore très jeune ; c'est à peine s'il vient de
quitter l'école académique où il a remporté plusieurs prix de
quartier. Plus tard, il s'occupa un peu de tout, même d'ensei-
gnement, car, d'après Mariette, il aurait été, vers 1719 ou 1720,
le maître du pastelliste La Tour. Il peignait volontiers des animaux et c'est là une aptitude flamande qu'il conserva toujours.
Les tableaux qu'il exposait en 1715 à la place Dauphine repré-
sentaient des animaux. La même date se lisait sur une peinture
de la vente Covillard (1849), où étaient groupés un lièvre, une
sarcelle et des légumes. A Paris, chez le Dr Maximin Legrand,
on peut voir *Un chien et une perdrix* et *Deux lièvres dans un paysage*,
tableau signé et daté *J. Spoede, 1736*. Ce sont les œuvres d'un
Flamand, qui a fort oublié le langage du pays natal et qui peint
à la française avec un peu de sécheresse. Spoede a fait aussi des

compositions caricaturales, comme la *Caducité de Nicolas Bolu-reau, doyen des maîtres peintres*, dessin que Guélard a reproduit dans une estampe dont la publication est annoncée par le *Mer-cure* de décembre 1743. De bonne heure, Spoede s'était affilié à l'Académie de Saint-Luc, il y avait rang de professeur en 1720 et il finit même par conquérir le titre de recteur perpétuel. Il a pris part aux expositions organisées par la corporation en 1751, 1752 et 1753. Le dépouillement des catalogues montre qu'il avait toutes les ambitions. Avec des tableaux d'animaux et de gibier, il peignait une *Fête bachique*, un *Combat de Hussards* et des sujets tirés de la Fable. Le 2 avril 1883, nous avons vu vendre une de ses mythologies, le *Triomphe de Neptune et d'Amphitrite* (signé *I. I. Spoede*), composition un peu fade où la recherche des colorations rosées révélait un contemporain de Lemoyne, inclinant vers le décor de pacotille. Tel était, ou du moins, tel fut plus tard l'idéal du peintre médiocre, mais galant homme, dont l'assistance, fort à propos sollicitée et obtenue, permit à Watteau de revoir son pays [1].

Nous l'avons dit : la date de ce voyage à Valenciennes n'est fixée par aucun document précis. Entre le 31 août 1709, où l'artiste obtient le second prix, et le 30 juillet 1712, jour où l'Académie s'occupera de nouveau de lui, il y a un hiatus dans l'histoire de Watteau. Son dernier biographe, John Mollett, est de ceux qui acceptent, pour la promenade de Valenciennes, la date de 1709. Nous aimerions qu'une pièce vînt authentiquer cette conjecture, vraisemblable d'ailleurs, et que les récits de

[1] Voir sur Spoede, les livrets de l'Académie de Saint-Luc, publiés par M. Guiffrey, et les *Nouvelles Archives de l'Art français*, V, p. 254.

ESCORTE D'ÉQUIPAGES, PAR WATTEAU

(Fac-similé de la gravure de L. Cars.)

Gersaint et des autres ne démentent pas. Dans cette hypothèse, Watteau revient à Valenciennes au lendemain de la bataille de Malplaquet (11 septembre), et il nous est ainsi permis d'expliquer comment il a connu un personnage qui devait devenir un de ses plus fidèles amis. Parmi les soldats français qui, ce jour-là, eurent le plus à se plaindre de la virtuosité des troupes du prince Eugène et de Marlborough, il y avait un Marseillais spirituel et brave, Antoine de la Roque. Il était exempt dans la compagnie des gendarmes du roi. Sa mauvaise fortune voulut qu'il eût la jambe fracassée par un boulet. Malplaquet est assez voisin de Valenciennes. Le gendarme blessé se fit transporter dans cette ville où l'on eut pour lui tous les soins que mérite un homme d'esprit. C'est alors sans doute que Watteau connut Antoine de la Roque qui devint bientôt le camarade et l'acheteur du lendemain. Si, au temps de sa première manière qui dura jusqu'en 1714, époque où il quitta le service, la Roque n'était qu'un brave soldat, il avait déjà cependant des velléités littéraires ; il songeait peut-être aux paroles de ses deux opéras, *Médée et Jason* et *Théonoé*. Il ne lui était guère permis alors de prévoir qu'il serait plus tard le directeur du *Mercure* ; mais, dès son séjour forcé à Valenciennes, il regardait les tableaux, il les aimait, il était le créateur futur de la charmante collection qui fut vendue en 1745 et dont il ne nous reste plus que le catalogue. C'est cette passion pour les œuvres d'art qui fit d'Antoine de la Roque un ami de Watteau et qui prolongea leur liaison jusqu'à la mort du peintre. Plus tard l'artiste et l'ancien gendarme du roi se retrouvèrent à Paris. Bien des fois ils dînèrent ensemble chez Gersaint, et Watteau peignit le portrait de son ami une béquille à la main, comme il sied à un invalide dont la jambe se souvient encore d'une ancienne blessure. C'est le portrait que Lépicié a gravé et que nous avons vu vendre en 1850 à la vente de la bizarre collection du général Despinoy, où le Louvre aurait pu l'acheter pour une somme dérisoire[1].

Watteau ne demeura pas longtemps à Valenciennes. Il eut cependant le loisir d'y travailler. La notice de Julienne nous fournit même à ce propos un mot curieux et qui n'a pas encore été utilisé. Le biographe raconte qu'il fit alors « quelques tableaux, entre autres plusieurs études de camps et de soldats d'après nature ». Nous tenons là le Watteau militaire, si imprévu en un moment où Martin marche avec plus de bonne volonté que d'esprit dans les sentiers de Van der Meulen, et où Charles Parrocel n'a pas encore pris la parole. Le sujet d'un des tableaux que Watteau peignit à Valenciennes nous est connu par les souvenirs de Gersaint : c'était une petite peinture sur cuivre, une *Halte d'armée*, que Sirois lui avait demandée pour faire pendant au *Départ de troupe*. Le tableau achevé, il l'envoya à son acquéreur, qui, plus généreux que la première fois, le paya deux cents livres, prix fixé par Watteau lui-même.

De cette époque datent, sinon comme réalisation, du moins comme principe, tous les tableaux, tous les dessins où Watteau, prenant pour texte les spectacles qu'il a sous les yeux, met en scène les soldats de l'armée royale avec leurs équipages de mulets chargés de provisions, les vivandières allaitant des marmots, et d'autres femmes, sans grades dans le régiment, qui

---

[1] Antoine de la Roque a longtemps survécu à Watteau. Il est mort le 3 octobre 1744. V. Clément de Ris, les *Amateurs d'autrefois*, 1877, p. 209.

avaient pour mission de consoler les fantassins fatigués d'une longue marche. A cette catégorie d'œuvres, alors absolument nouvelles, appartiennent les tableaux de Sirois dont nous aurons à reparler, la *Recrue allant joindre* que Watteau a gravée dans une eau-forte terminée par Thomassin, et qu'il a également peinte sur un panneau assez délabré qui en 1875 était entre les mains de M. A. Sichel, et l'*Escorte d'équipages*, dont Laurent Cars nous a laissé une si fine estampe et que Julienne a longtemps possédée. Mariette en parle comme d'un tableau merveilleux. On remarquera que ces compositions militaires et d'autres scènes analogues ont pour cadre des paysages où l'on voit à l'horizon le toit pointu d'une église. Ce décor n'était pas imaginaire, comme ceux que Watteau peignait chez Audran. C'est la nature telle qu'il la voyait en sortant de l'enceinte de Valenciennes, c'est la véritable campagne flamande. Et quant aux soldats qui animent les perspectives, ils sont eux-mêmes dans la réalité et dans l'histoire. C'est l'armée de la vieillesse de Louis XIV, celle que commandait Villars et qui combattit à Malplaquet et à Denain, dans le propre pays de Watteau. Ces épisodes de la vie militaire, œuvres d'un peintre très jeune, sont déjà d'une haute valeur. L'esprit y abonde ; même dans les compositions les plus compliquées, l'arrangement des groupes et des figures révèle une maturité précoce, et Watteau y fait voir ce qu'il sera toute sa vie : le peintre du mouvement et du geste vrais. Dans la *Recrue allant joindre*, et, au second plan de l'*Escorte d'équipages*, il y a des soldats qui marchent chargés de leurs armes et de leur fourniment : ces figurines, sveltes, légères, un peu dansantes, comme si une musique rythmait la cadence de leurs pas, sont d'une désinvolture adorable. Il est dès lors certain que, pour un artiste qui, sortant à peine de l'école, sait donner à ses personnages tant de mouvement et de souplesse, aucune attitude ne sera difficile. L'homme en

action sera décrit et photographié au vif, et la femme aussi, avec sa grâce coulante et ses fins glissements de couleuvre.

Quelques-uns des tableaux militaires de Watteau étant perdus, un intérêt considérable s'attache à l'étude de ceux que d'heureuses circonstances ont préservés de la destruction. Les deux petits cuivres vendus à Sirois au moment que nous avons indiqué sont-ils de ce nombre? On sait qu'ils ont été gravés par C.-N. Cochin et que les estampes sont de la grandeur des originaux. Edmond de Goncourt, persuadé que ces tableaux étaient chez Crozat, baron de Thiers, collection acquise par Catherine II, a posé la question de savoir s'ils ne se retrouveraient

JEUNE FEMME SE COUVRANT LA TÊTE, PAR WATTEAU
(Collection de M. le duc d'Aumale.)

pas aujourd'hui à Saint-Pétersbourg. Il n'a pas vu l'Ermitage, mais il a consulté le catalogue de ce splendide Musée (édition de 1861) et il y a même trouvé, sous les n⁰ˢ 1504 et 1505, l'indication des deux Watteau, les *Fatigues de la guerre* et les *Délassements de la guerre*, gravés, le premier par Scotin, le second par Crépy fils. Ce sont des peintures sur cuivre de fort modestes dimensions (h. 0ᵐ, 22 ; l. 0ᵐ, 33). Tout démontre qu'elles forment pen-

dants et qu'elles sont de la même époque, M. de Goncourt se
demande à ce propos si le rédacteur de l'inventaire de l'Ermitage n'a pas commis une erreur et si ces deux tableaux, changeant de titre en raison de l'analogie des sujets, ne sont pas
ceux qui ont été gravés par C.-N. Cochin. Nous hésitons à
admettre cette hypothèse qui nous avait séduit d'abord.
L'origine des deux peintures de Saint-Pétersbourg n'est pas
douteuse. Le catalogue de l'Ermitage déclare formellement
qu'elles proviennent de la collection Crozat. Or, nous ne
sommes pas sans quelques informations sur les chefs-d'œuvre
que l'héritier du financier avait réunis dans l'hôtel de la place
Vendôme. Hébert, décrivant en 1766 cette galerie fameuse,
inventorie, dans le cabinet à la suite de la bibliothèque, « deux
petits tableaux de Watteau, qui sont une *Marche de troupe* et
une *Halte*[1]. Pas de description. Ce silence est fâcheux, car
M. Braun ayant négligé de photographier les n°s 1504 et 1505,
nous ne pouvons les comparer avec les estampes de Cochin et
préciser ce qui reste flottant dans notre souvenir. En effet, ces
deux cuivres de Saint-Pétersbourg, nous avons eu la joie de les
voir en 1883, et notre impression d'alors est que ces peintures
peuvent fort bien être celles que Scotin et Crépy fils ont gravées,
c'est-à-dire les *Fatigues de la guerre* et les *Délassements de la guerre*.
Dans tous les cas, elles datent du même moment que les petits
cuivres achetés par Sirois. C'est là ce qui importe. Elles sont
infiniment spirituelles ; mais ce n'est pas seulement en ce sens
qu'elles restent à jamais curieuses. Elles marquent pour nous le

---

[1] Hébert, *Dictionnaire pittoresque*, 1766, t. I, p. 101.

LE PRINTEMPS, PAR WATTEAU

(Gravure de Desplaces, d'après le tableau de l'hôtel Crozat.)

point de départ de Watteau et l'état de son idéal aux environs de 1710.

Or, à cette époque, Watteau n'est nullement coloriste, ou du moins il ignore la théorie vénitienne qui consiste à obtenir l'harmonie avec les contrastes : il est presque monochrome, faisant passer les tons les uns dans les autres et cherchant l'unité dans la note brune ou marron. Pas un bleu, pas un rose, pas un point argentin, et s'il y a çà et là quelques traces de verdures, les feuillages sont ceux de l'automne. Ce coloris aux chaleurs rousses est celui d'un moment où Lemoyne, qui n'a pas beaucoup plus de vingt ans, hésite encore à commencer sa réforme et où Watteau n'y songe pas davantage. C'est la palette sobre, sinon indigente, d'un contemporain de Lafosse, de Bon Boullogne et des successeurs de l'école de Versailles. Et cette monochromie, cherchée dans les tons du bois, dans les tons du cuir, explique ce que Gersaint a voulu dire, lorsque, parlant des tableaux peints pour Sirois, il écrit qu'ils « avoient un coloris vigoureux et un certain accord qui les faisoit croire de quelque ancien maître ». Nous sommes en effet au point initial. Il faut avoir vu les deux peintures de Saint-Pétersbourg pour savoir que Watteau est parti du brun pour aller au fleuri.

Cette caractéristique est intéressante à signaler. Je crois deviner qu'elle devait se retrouver dans un petit tableau qui ne nous est plus connu que par l'estampe que Moyreau a gravée sous le titre le *Défilé (Decursus)*, car il est curieux que les chalcographes du temps de Louis XV aient eu la rage de traduire en un latin quelquefois baroque les titres français des peintures de Watteau. Le *Défilé*, qui a appartenu à Julienne, et plus tard

au prince de Conti (1777), à Ménageot (1778), à l'orfèvre
Dubois (1784), est une composition animée et charmante. A
droite, des cavaliers cachés en partie par un pli du terrain des-
cendent une pente ; à gauche, des officiers, vus de dos, forment
l'arrière-garde ; près d'eux une vivandière tenant un broc à la
main : au fond, sur un monticule, une citadelle et dans le loin-
tain, l'éclat fulgurant d'une poudrière qui fait explosion. Ce
tableau est, sinon perdu, du moins égaré. Et c'est pourquoi il
m'a paru intéressant d'acquérir en 1878, à la vente de M. de
Saint-Remy, une réduction du *Défilé*, que le catalogue, ignorant la gravure de Moyreau et les uniformes de 1710, présen-
tait sous le nom de Casanova. Je supplie le lecteur de croire
que je ne m'imagine pas avoir un original de Watteau : ces
glorieuses aventures n'arrivent qu'aux protégés des dieux. Mais
ma petite copie est du temps et elle est instructive, puisque
nous ne savons plus ce qu'est devenu l'exemplaire princeps.
Sauf un coin du ciel où éclate une note bleue, de ce bleu flamand que nous connaissons par Huysmans de Malines, le
tableau n'admet pas de tons clairs et se construit avec des tons
bruns et un peu brouillés. Le sujet, qu'on ne peut rattacher à
aucun fait précis, bien que l'armée de Villars ait dû voir sauter
plus d'un magasin à poudre, appartient à cette série d'anecdotes
militaires pour lesquelles Watteau a fait tant d'études pendant
son séjour dans sa ville natale.

Quand revint-il de Valenciennes ? Nous ne le savons pas.
Mariette l'a ignoré ; mais c'est lui qui nous apprend qu'à son
retour à Paris « après son voyage de Flandres », l'artiste alla
demeurer chez Sirois. Son intimité avec l'honnête marchand

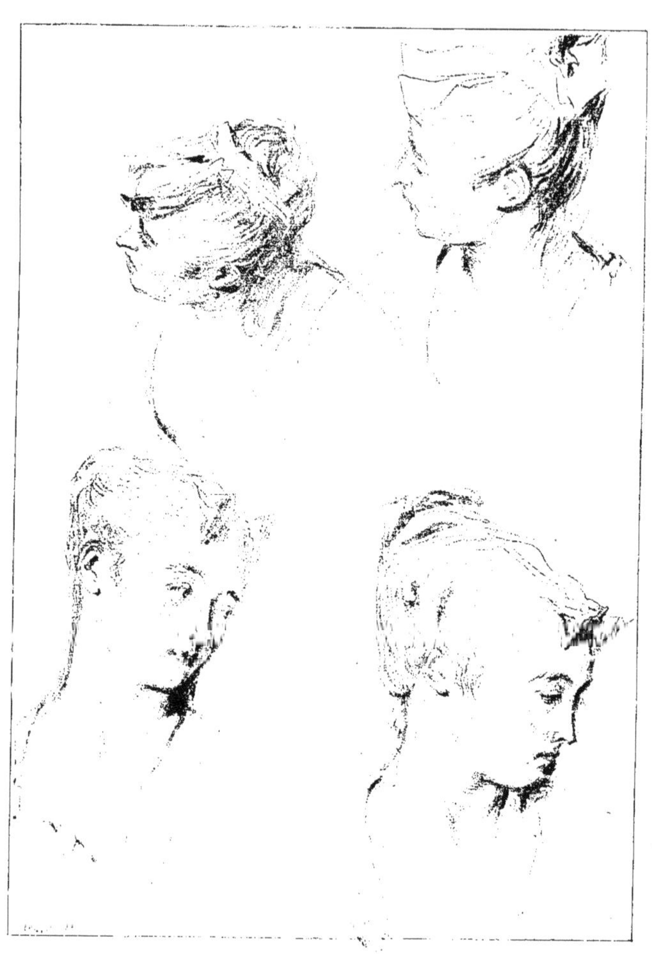

QUATRE ÉTUDES DE BUSTE DE FEMME, PAR WATTEAU
(Collection de M. Malcolm.)

devint dès lors très étroite. Watteau, installé dans la maison,
n'eut donc aucun effort à faire pour se lier avec Gersaint qui
était déjà ou qui allait devenir le mari d'une des filles de Sirois.
Et c'est même à ce propos que Mariette nous parle du portrait
de femme en habit de chasseuse que Benoît Audran a gravé sous
le titre *Retour de chasse* (*Venationis reditus*). D'après une tradition
dont on ne connaît pas l'origine et dont on retrouve la trace
dans l'inscription manuscrite consignée sur l'épreuve du Cabinet des Estampes, ce portrait serait celui de Mme de Vermanton,
nièce de Julienne. Mariette est d'un autre avis. Cette jeune victorieuse au justaucorps serré à la taille et coiffée d'un tricorne
qu'agrémente un nœud de ruban, serait « une des filles du sieur
Sirois ». Comment l'aurait-il dit, s'il ne le savait pas ?

Dans la biographie de Watteau, telle qu'on essaie de la
reconstituer d'après les textes, l'année 1711 est remplacée par
une page blanche. Il y a là une lacune que rien n'est venu com-
bler. Mais pour 1712, nous sommes moins ignorant : un fait
intellectuel d'une importance capitale se produit dans la vie du
jeune maître : il entre en relation avec Pierre Crozat et il travaille
pour lui. Desplaces, Renard du Bos, Fessard et Audran ont
gravé d'après Watteau quatre planches représentant les *Saisons*.
Ces tableaux de forme ovale et d'une dimension inusitée pour
le maître (h. 4 pieds 5 pouces, l. 3 pieds 9 pouces) ont été
peints par Watteau pour la salle à manger de l'hôtel Crozat. On
n'en peut guère parler que d'après les gravures [1]. Sur ces quatre

---

[1] Ainsi que le rappelle E. de Goncourt, deux de ces toiles, l'*Été* et l'*Hiver*, figuraient
en 1786 à la vente du duc de Choiseul, en 1791 à celle de Lebrun. Depuis lors, on les
perd de vue. Nous devons dire cependant que, d'après Clément de Ris, l'*Hiver* (était-ce

peintures, Caylus est curieux à entendre. Les *Saisons*, dit-il, « sont presque demi-nature et quoique il les ait exécutées d'après les esquisses de M. de La Fosse, on y voit tant de manière et de sécheresse qu'on n'en sçauroit rien dire de bon ». On reconnaît là le langage d'un ami. Mais ce n'est pas seulement la bonne grâce qui manque aux paroles de Caylus : c'est aussi l'exactitude. En 1712, Watteau a vingt-huit ans ; il a déjà fait preuve d'invention et d'esprit et il n'a nul besoin des esquisses de La Fosse pour peindre les *Saisons* de la salle à manger de Crozat. Il suffit d'ailleurs de regarder les estampes, et particulièrement celle du *Printemps*, où Flore, sans draperie et sans parure, apparaît couronnée par Zéphyre, pour reconnaître aux traits des visages, à l'accent des parties nues, que nous sommes en présence de Watteau et non de La Fosse. Un fait répond du reste aux insinuations de Caylus. E. de Goncourt possède les dessins originaux du *Printemps* et de l'*Automne*. « Ces académies, dit-il, sont du dessin le plus accentué et le plus caractérisé de Watteau. » Il ne reste donc rien de l'affirmation de Caylus : l'ancien mousquetaire s'est trompé.

Mais, au point de vue biographique et pour l'histoire du talent de Watteau, il est intéressant de voir le jeune peintre conquérir ses entrées chez le financier Crozat. Un monde nouveau va s'ouvrir pour lui. Il y avait, dans l'hôtel de la rue de Richelieu, un splendide entassement de merveilles. C'est là que Watteau vit pour la première fois les œuvres des Vénitiens, c'est là qu'il apprit à peindre ces carnations chaudes et giorgio-

---

l'original ou une copie ?) se trouvait, avant 1858, « singulièrement détérioré » au château de Chenonceaux. (*Les Amateurs d'autrefois*, p. 190.)

nesques dont on ne se lasse pas d'admirer les colorations
ambrées. En 1712, au moment où il travaillait aux *Saisons* de la
salle à manger, Watteau ne put prendre qu'un avant-goût des
richesses que renfermait l'hôtel de Crozat ; mais sa cohabitation
avec les maîtres de Venise devint plus fraternelle et plus intime
lorsque, comme on le verra tout à l'heure, il eut, quelque temps
après, la bonne fortune de venir demeurer chez le grand amateur et de pouvoir étudier librement dans son musée.

Watteau rencontra d'ailleurs chez Crozat des personnages de
marque, et parmi ceux-là il en est un qui eut une heureuse
influence sur sa destinée. Charles de La Fosse habitait l'hôtel
depuis 1707 : il y avait peint une galerie où l'on voyait la *Naissance de Minerve*, et l'on admettra difficilement que La Fosse,
vieilli, mais valide encore, ne soit pas quelquefois descendu du
logement qu'il occupait avec sa femme, pour voir les peintures
que Watteau exécutait dans la salle à manger. Il aimait d'ailleurs
la jeunesse et prenait plaisir à l'encourager. A l'Académie royale,
il était parvenu au grade de recteur et se montrait assidu aux
séances du samedi. Si quelqu'un a pu, avec une autorité persua-
sive, faire comprendre à Watteau que sa situation dans l'art
était irrégulière et qu'elle l'exposait à recevoir un jour la visite
indiscrète des gardes de la corporation de Saint-Luc, c'est assurément Charles de La Fosse. Les observations du vieux praticien étaient la sagesse même. Pour avoir le droit de faire librement de la peinture, pour se soustraire aux possibilités d'une
saisie, il fallait être affilié soit à la jurande des maîtres, soit à
l'Académie royale. Cette nécessité, que démontraient des procès
fréquents, était reconnue par tous ceux qui tenaient le pinceau.

Gillot lui-même, si amoureux de l'indépendance et si difficile à enrégimenter, l'avait comprise et il s'était fait agréer en 1710.

La rencontre de La Fosse et de Watteau chez Crozat nous paraît tellement vraisemblable que nous n'hésitons pas à proposer un amendement aux textes imprimés et une modification au récit de l'aventure légendaire qui en 1712 entr'ouvrit au jeune peintre les portes de l'Académie.

Le récit que nous voudrions discuter et corriger, c'est celui que Gersaint a introduit dans sa touchante notice sur Watteau. Il a personnellement connu le maître de Valenciennes ; et, pour la période de jeunesse, il a reçu les confidences de son beau-père Sirois, l'acheteur du premier tableau. Gersaint est sérieux, il n'est pas accoutumé de parler au hasard. Mais comment n'être pas frappé des singularités que présente sa relation en ce qui concerne les préliminaires de l'entrée de Watteau à l'Académie ? On se souvient de quelle façon il raconte les choses. Watteau aurait eu depuis longtemps le désir de faire le voyage d'Italie, et ce voyage il aurait voulu le faire aux frais du roi. Il avait été battu au concours de 1709, puisqu'il n'avait obtenu que le second prix ; mais le concours n'était pas le seul moyen qui permît de passer les Alpes. Watteau savait par divers exemples qu'une subvention exceptionnelle avait plus d'une fois été octroyée, soit à des vaincus du concours annuel, soit même à des artistes qui n'avaient pas osé affronter la lutte. La protection de l'Académie pouvait lui être d'un grand secours pour obtenir cette faveur. Qui dit royauté dit caprice, et même après l'échec de 1709, une vague espérance restait permise.

Watteau aurait donc imaginé de porter à l'Académie les

LE MARAIS, PAR WATTEAU

(D'après la gravure de L. Jacob.)

deux petites scènes militaires qu'il avait vendues à Sirois. Chargé de ses tableaux, « il part, dit Gersaint, et les fait exposer dans la salle par où passent ordinairement messieurs de l'Académie... qui tous jettent les yeux dessus et en admirent le travail sans en connoître l'auteur. M. de La Fosse s'y arrête même plus que les autres et, étonné de voir deux morceaux si bien peints, il... s'informe par qui ils avoient été faits... On lui répondit que c'étoit l'ouvrage d'un jeune homme qui venoit supplier ces messieurs de vouloir bien intercéder pour lui, afin de lui faire obtenir la pension du roi pour aller étudier en Italie. M. de La Fosse, surpris, donne ordre qu'on fasse entrer ce jeune homme. Watteau paroît : sa figure n'étoit point imposante; il explique modestement le sujet de sa démarche... « Mon ami, lui répond « avec douceur M. de La Fosse, vous ignorez vos talens et vous « vous méfiez de vos forces : croyez-moi, vous en sçavez plus « que nous; nous vous trouvons capable d'honorer notre Aca- « démie; faites les démarches nécessaires, nous vous regardons « comme un des nôtres. » Il se retira, fit ses visites et fut agréé aussitôt.

Ce récit piquant ne prouve qu'une chose, c'est que l'aimable Gersaint avait des aptitudes de journaliste. L'invraisemblance y éclate partout. Le recteur La Fosse disant à Watteau, au Watteau d'avant l'*Embarquement pour Cythère*, « vous en sçavez plus que nous », et tenant ce langage en présence de Jouvenet, de Largillière et des principaux officiers de la compagnie, c'est une invention digne d'un conte de fée. Les papiers de l'Académie sont muets sur cette histoire. Si l'on veut démêler la part de vérité qui se cache peut-être sous l'enveloppe du roman, on doit

croire que Gersaint fait allusion à quelque conversation d'anti-
chambre dont les registres académiques n'avaient pas à tenir
compte et qui aurait eu lieu avant la séance officielle où Watteau
fut agréé. Il est certain que, pendant l'été de 1712, l'Académie
fut invitée par le duc d'Antin à choisir parmi les étudiants qu'elle
avait couronnés, deux candidats qui lui paraîtraient « le plus en
estat de profiter de l'estude de Rome, s'il playt à Monseigneur
de les y envoyer ». La compagnie procéda à cette opération le
11 juillet : elle désigna deux de ses lauréats, le peintre Giral et
le sculpteur Nourrisson, qui étaient d'ailleurs dans les condi-
tions réglementaires, puisqu'ils avaient obtenu des premiers
prix. Sur Watteau, qui ne pouvait solliciter qu'à titre exception-
nel un vote de faveur, le procès-verbal est muet. Si, par aventure, il a été question de lui, l'événement s'est passé dans la
coulisse, entre deux portes, et le secrétaire n'a rien entendu. Du
récit de Gersaint, il ne reste qu'une probabilité : c'est La Fosse
qui a engagé Watteau à faire ses visites et à se mettre en mesure
d'obtenir le titre d'agréé.

Nul doute que Watteau n'y eût déjà songé. L'Académie,
nous l'avons dit, c'est le refuge ambitionné par tous ceux qui
veulent se soustraire à l'inquisition de la jurande, c'est la
protection du roi, c'est le droit de travailler librement.
Watteau n'aspire point aux honneurs, mais il veut cesser
d'être comme l'oiseau sur la branche qu'agite le moindre
souffle. Il suit le conseil que La Fosse lui a donné; il fait ce
qu'a fait Gillot, il se présente à l'Académie. Le procès-verbal
de la séance du 30 juillet nous dira comment les choses se
sont passées :

« Aujourd'hui, samedy, trentième juillet 1712, l'Académie estant assemblée à l'ordinaire, le sieur Antoine Wattau, peintre, né à Valenciennes, s'est présenté pour estre reçeu académicien et a fait voir de ses ouvrages. La compagnie, après avoir pris les voix par les fèves, a agréé sa présentation. Le sujet de son ouvrage de réception a esté laissé à sa volonté... Mons. Coypel et mons. Barrois ont esté nommés pour voir travailler le dit sieur Wattau. »

Ce texte nous apprend que, pour montrer ce qu'il savait faire, Watteau a, comme l'exigeaient les statuts, fait voir de ses ouvrages. Quels tableaux a-t-il exposés? Il faut oublier ici le récit de Gersaint, qui, en racontant dans une même page deux événements successifs, laisse quelque confusion dans l'esprit. Les peintures que l'artiste a soumises à ses futurs collègues ne sont nullement les deux scènes militaires qu'il avait cédées à Sirois, mais des œuvres plus récentes, et plus conformes à son idéal du moment. Mariette nous apprend que le tableau ou l'un des tableaux sur lesquels Watteau fut agréé à l'Académie est celui que Gérard Scotin a gravé sous le titre les *Jaloux*, et qui, à l'heure où il écrivait faisait partie du cabinet de Julienne. Cette peinture a couru le monde : d'après E. de Goncourt, elle apparaît pour la dernière fois à une vente du 3 mai 1786. Il nous serait doux de la retrouver, car ignorants et érudits, nous restons tous logés à la même enseigne et nous ne sommes pas d'une force suprême sur le Watteau de 1712. Mais nous voyons par l'estampe de Scotin qu'à ce moment l'artiste a renoncé à ses anecdotes militaires et est entré dans le monde de la fantaisie et du théâtre. Il a déjà abordé les sujets qui vont faire sa réputation : il obéit aux inspirations empruntées à la comédie amoureuse.

Ainsi qu'on l'aura sans doute remarqué, la formule du procès-verbal de la séance du 30 juillet n'est pas tout à fait pareille à celle qu'employait le secrétaire de l'Académie pour constater qu'un aspirant avait été agréé. D'ordinaire le candidat admis recevait du directeur de la Compagnie l'indication du sujet qu'il devait traiter dans son morceau de réception; il lui était, en outre, prescrit, avant de se mettre au travail, de présenter une esquisse. En ce qui concerne Watteau, ces règles subissent un accroc important et honorable. Pour son ouvrage de réception, qui est le chef-d'œuvre imposé dans toutes les maîtrises, il peindra ce qu'il voudra. La Fosse l'avait-il recommandé à ses collègues? Par un accident qui me surprend, il n'assistait pas à la séance du 30 juillet; mais le procès-verbal est signé ce jour-là par de très honnêtes peintres : Largillière, Jouvenet, Rigaud, De Troy, Antoine Coypel, sans parler des sculpteurs Legros, Vanclève et Coyzevox. Remercions ces braves gens : en entr'ouvrant à Watteau la porte de l'Académie, en le laissant libre de choisir le sujet de son morceau de réception, ils ont collaboré à l'*Embarquement pour Cythère*.

III

WATTEAU ACADÉMICIEN

Au lendemain du 30 juillet 1712, Watteau, qui s'abandonne
aisément aux nonchalances et dont l'esprit flotte bien souvent
dans le bleu des songes, se trouvait en présence d'un devoir.
En sollicitant et en acceptant le titre d'agréé, il avait passé avec
l'Académie une sorte de contrat moral : il s'était engagé à four-
nir son morceau de réception, et il savait, par les confidences de
ses camarades, que, s'il tardait par trop à l'exécuter, la Compagnie lui rappellerait sa promesse. La production du « chef-
d'œuvre » était d'ailleurs, comme dans toutes les corporations,
le seul moyen d'obtenir le brevet de maîtrise. Watteau était
pleinement résolu à faire honneur à ses engagements, et comme
on avait laissé à son libre caprice le choix du sujet à traiter, il
essaya d'y songer le plus sérieusement du monde. Par malheur,
sa fantaisie était un peu sautillante ; d'autres travaux l'occupèrent,
et l'Académie qui, d'ailleurs, se montra fort indulgente envers
lui, dut attendre pendant cinq ans le morceau de réception que

le nouvel agréé lui avait promis. Elle ne perdit rien à ces retardements, car, de 1712 à 1717, le jeune peintre n'a cessé de faire des progrès, et elle gagna à ces lenteurs la glorieuse peinture qui est une des fiertés du Louvre.

Pour le biographe épris des faits authentiques, l'histoire de ces cinq années est difficile à raconter. Peu d'événements, beaucoup de travail. A ce moment, Watteau ajoute un nouveau nom au catalogue de ses amis : c'est en 1712, alors qu'il vient d'être agréé, qu'il se lie avec le mousquetaire Caylus. Ces relations furent interrompues par bien des entr'actes, car pendant les dernières années du règne de Louis XIV, le comte de Caylus s'agite et se promène beaucoup. En 1713, il est au siège de Fribourg ; dans l'automne de 1714, il part pour l'Italie et il n'y reste pas moins d'un an. Bientôt le militaire, devenu archéologue, fait un beau voyage aux rives orientales. Mais toutes les fois qu'il rentrait à Paris, il se mettait à la recherche de Watteau, bien que celui-ci ne fût pas toujours facile à trouver, ayant eu, plus que pas un, la manie du déménagement et l'amour de l'endroit écarté que rêvait Alceste. Caylus, parlant de ce qu'il a vu, est ici un précieux témoin. Watteau, dit-il, était dominé par un certain esprit d'instabilité. « Il n'étoit pas sitôt établi dans un logement qu'il le prenoit en déplaisance. Il en changeoit cent et cent fois, et toujours sous des prétextes que, par honte d'en user ainsi, il s'étudioit à rendre spécieux. Là où il se fixoit le plus, ce fut en quelques chambres que j'eus en différans quartiers de Paris, qui ne nous servoient qu'à poser le modèle, à peindre et à dessiner. Dans ces lieux uniquement consacrés à l'art, dégagés de toute importunité, nous éprouvions, lui et moi, avec un ami

(Portraits de Watteau et de Julienne, d'après la gravure de Tardieu.)

commun — c'était M. Hénin — la joie pure de la jeunesse jointe à la vivacité de l'imagination, l'une et l'autre unies sans cesse aux charmes de la peinture. »

Le prétexte qu'invoquait Watteau pour justifier ses perpétuels changements de domicile n'était pas complètement imaginaire. Une fois agréé à l'Académie, l'artiste avait connu les ennuis qui s'attachent à toute célébrité naissante : il voyait son atelier envahi par des fâcheux, amateurs ou marchands, qui le troublaient dans son travail. Suivant le conseil du poète, il consentait à répandre son esprit, mais il voulait cacher sa vie ; il allait un peu partout, quelquefois, dans des quartiers éloignés, chercher le calme et le silence. C'est dans un de ces accès de mélancolie qu'il alla un jour loger aux Porcherons. Mariette est le seul qui nous parle de cette installation. Au commencement du xviiⁱᵉ siècle, les Porcherons, c'était presque la campagne, avec des jardins et des sentiers dont quelques-uns sont devenus des rues. Watteau travailla dans ces régions rustiques. Au dire de Mariette, il y peignit, d'après nature, l'*Abreuvoir* et le *Marais*, les deux vues qui ont été gravées par L. Jacob. A quelle époque cette villégiature aux Porcherons ? Les textes ne le disent pas. L'histoire des logements successifs de Watteau est le plus ardu des problèmes

L'infatigable promeneur finit cependant par se fixer. Watteau fut en effet un des artistes auxquels Pierre Crozat ouvrit un asile dans sa maison hospitalière. En faisant parler le silence des historiens, en rapprochant quelques dates, on parvient à déterminer d'une manière approximative le moment où le peintre vint habiter l'hôtel de la rue de Richelieu. Il n'est pas vraisem-

blable que cette installation ait eu lieu durant l'absence du
maître de la maison. Or, en 1714, Pierre Crozat fit un long
voyage en Italie ; il ne revint même qu'à la fin de 1715.
L'hôtel, commencé en 1704 par Cartaud, était alors terminé et
décoré. Pierre Legros venait d'achever les sculptures dont nous
parle Germain Brice dans une description qui est bien connue,
mais qui doit cependant être résumée, car il est bon de savoir
dans quelle atmosphère Watteau allait passer les meilleures
années de sa vie.

L'hôtel Crozat, véritable résidence princière, était situé au
coin de la rue de Richelieu et du rempart, aujourd'hui le boulevard des Italiens. Avec les jardins et les dépendances, il occupait une superficie de neuf arpents et s'étendait ainsi jusqu'à
l'hôtel de Menars en se prolongeant de l'Est à l'Ouest jusqu'aux
terrains sur lesquels a été ouverte la rue de Grammont. Ce
vaste enclos s'agrandissait encore par suite d'un passage souter-
rain que Crozat avait fait creuser sous le rempart et qui abou-
tissait aux jardins de la Grange-Batelière, c'est-à-dire entre le
passage de l'Opéra et la rue Drouot. Un plan de 1758 montre
encore les vitrages des serres que le financier y avait établies.
Le long du « nouveau cours planté sur les remparts de la ville »
s'étendait une orangerie monumentale recouverte d'une terrasse, où il était bon de s'asseoir pour assister au mouvement
du boulevard, et pour prendre le frais dans les soirées d'été. Il
n'y avait vis-à-vis que d'humbles guinguettes ou des maisons
basses et on voyait librement la campagne et les pentes de
Montmartre.

La maison, située au milieu de parterres et de beaux arbres, ne comprenait, au temps de Watteau, qu'un pavillon à un seul étage surmonté par un attique, car c'est en 1730 seulement qu'Oppenordt a défiguré et alourdi la construction de Cartaud. A l'intérieur de l'hôtel, l'art régnait en maître. Deux appartements du rez-de-chaussée, une galerie de dix toises donnant sur les jardins et dont La Fosse avait peint le plafond, une partie de l'étage en attique, où Crozat avait fait établir un salon octogone imitant la Tribune de Florence et décoré de figures de Pierre Legros, contenaient des tableaux, des pierres gravées, une merveilleuse collection de dessins, Ces richesses, Watteau n'avait pu que les entrevoir lorsqu'il avait peint, en 1712, les *Saisons* de la salle à manger. Désormais, il allait pouvoir les étudier tous les jours. Quelle fête pour un peintre qui avait la religion des grands maîtres et qui rêvait d'aller les interroger en Italie ! Quelle joie pour un jeune esprit qui, de tout temps, avait eu l'ambition de s'entretenir librement avec les coloristes ! Nous l'avons dit, c'est chez Crozat que Watteau se trouva pour la première fois en contact avec les Vénitiens. Que cette cohabitation ait eu d'heureux résultats sur son talent, la suite de cette histoire le montrera avec évidence.

L'hôtel de la rue de Richelieu était alors habité par le vieux Charles de La Fosse, qui venait d'obtenir de l'avancement à l'Académie, car c'est en 1715 qu'il fut promu au grade de chancelier. Il occupait avec sa femme l'un des appartements de l'étage en attique et il y mourut le 13 décembre 1716. Sa veuve continua à résider dans l'hôtel. La maison contenait-elle aussi un logement pour la nièce de La Fosse, Mlle d'Argenon ? Je l'ignore ; mais elle venait presque tous les jours chez Crozat, et elle y était la bien reçue, car si elle avait le tort — très grave sous la Régence — de n'être pas jolie, elle chantait en savante musicienne et Pierre Crozat était un mélomane enragé.

Watteau, nous dit Caylus, « avoit de la finesse et même de la délicatesse pour juger de la musique et de tous les ouvrages d'esprit ». Il fut servi à souhait, car Crozat organisait des concerts et il y conviait ses amis. Ces séances musicales étaient à la mode et l'on en parlait dans le monde. Watteau y entendit le chanteur Paccini, Antoine, le joueur de flûte, Mlle d'Argenon, dont la voix passait pour charmante, et sans doute d'autres encore. Il nous reste un souvenir des concerts de Crozat. Mariette a possédé une sanguine rehaussée de blanc, aujourd'hui au Louvre, dans laquelle Watteau nous a conservé de son crayon le plus délicat, les portraits des artistes qui faisaient de la musique dans les réunions de l'hôtel de la rue de Richelieu. L'intelligent amateur a même voulu que le nom de ces virtuoses fût aussi éternel que le dessin du maître et il a tracé sur cette légère feuille de papier l'inscription suivante : *Præclarorum musicorum cœtus, scilicet Antonius fidicen eximius, Paccini Italus Cantor mus. reg. et Da. Dargenon Car. de la Fosse pict. Acad. sororis filia cui suaves accentus Musa invideret.* Il faudrait rechercher le flûtiste Antoine et le chanteur Paccini, qui était attaché à la musique du roi. Quant à Mlle D'Argenon, qui devait être assez jeune au temps de Watteau, elle survécut longtemps à ses camarades des concerts de Crozat. Dans une lettre du 5 février 1746, Rosalba, retirée à Venise, demande des nouvelles de la chanteuse dont elle se rappelle encore la voix, cette voix dont la

PORTRAIT DE REBEL
(D'après la gravure de Moyreau.)

Muse envierait les suaves accents, comme le disait l'aimable
Mariette.

Watteau a beaucoup vécu dans le monde des musiciens. Il a

connu chez Crozat ou ailleurs J.-B. Rebel, ordinaire de la
musique du roi, dont il a fait le portrait dans un dessin qui a
été gravé par Moyreau. A cette époque du reste, Watteau a dû
aller plus d'une fois à l'Opéra avec son ami Antoine de La Roque
qui surveillait les répétitions d'une nouvelle tragédie lyrique,
Théonée, représentée le 3 décembre 1715. L'auteur de la musique
était Salomon, qui avait déjà été le collaborateur de La Roque
pour *Médée et Jason*. Salomon, attaché à la chapelle du roi, jouait
divinement de la basse de viole, instrument à la mode que
Watteau a souvent mis entre les genoux de ses modèles. Parmi
les amateurs dont il a fait le portrait, plusieurs ont été heureux
d'être représentés dans l'exercice de leur talent d'instrumen-
tistes. Il devint de bon goût de se faire peindre en virtuose. Ici,
nous avons quelques noms. Dans le *Concert champêtre*, gravé
par Benoît Audran, le personnage qu'on voit jouant de la basse
de viole sous de grands arbres, est un certain M. Bougi, premier propriétaire du tableau. Et c'est Julienne qu'il faut recon-
naitre, s'exerçant sur le même instrument, à côté de Watteau
occupé à peindre, dans un bocage aux verdoyantes frondaisons.
Je veux parler de la peinture, aujourd'hui perdue, dont Tardieu
nous a laissé une estampe au bas de laquelle on lit le sixain
qui commence ainsi :

> Assis auprès de toy sous ces charmants ombrages,
> Du temps, mon cher Watteau, je crains peu les outrages...

On le voit : que Watteau mette en scène de simples amateurs
ou des violoncellistes de profession, il semble avoir côtoyé de
très près le personnel musical du temps de la Régence. On

chante beaucoup dans ses bosquets, et ses paysages sont peuplés de guitaristes. Et qui sait même s'il n'y a pas là une caractéris-

FIGURE DE « L'ENCHANTEUR », PAR WATTEAU
(D'après une gravure d'Audran.)

tique du moment? Ces gentilshommes et ces élégantes que la princesse Palatine nous représente volontiers comme vivant le soir et jouant aux cartes ou buvant à la clarté des bougies, ont peut-être eu des retours de sentiment, des heures rêveuses où ils ont aimé la musique dans les bois ?

Le Watteau ami des musiciens se retrouve dans quelques tableaux qui ont échappé au grand naufrage. Personne encore n'a signalé, personne n'a gravé une petite peinture qui fait partie de la collection de M. Groult, et qui est assez imprévue. On y voit un jeune flûteur debout et soufflant de tout son cœur dans son instrument. La singularité, c'est que, dans ce tableau, le peintre nous met en présence d'un effet de lumière artificielle, car le personnage, étudié dans un concert du soir, est éclairé par un flambeau qu'on n'aperçoit pas. Le rayonnement de ce flambeau invisible éveille des points brillants sur le bois verni de la flûte et enveloppe les mains et le visage du petit musicien d'un reflet rougeâtre dont la délicatesse est presque hollandaise. Ici, le brave Watteau, qui a eu toutes les curiosités, manœuvre à la façon d'un Schalcken intelligent.

Étroitement lié avec des musiciens, Watteau avait aussi des amitiés dans le monde littéraire. Sans parler d'Antoine de La Roque, qui lui lisait ses libretti d'opéra, il a beaucoup vu le comte de Caylus. Celui-ci fit sans doute de longues absences, puisqu'il est allé jusque chez les Levantins ; mais à son retour à Paris il ne manquait pas d'aller retrouver Watteau à l'hôtel Crozat. Il amenait avec lui M. Hénin, un homme heureux, puisqu'il a possédé l'*Accord parfait* et la *Surprise,* un des plus beaux tableaux de Watteau, au dire de Mariette. Les trois amis s'enfermaient et passaient des journées entières à dessiner. Les modèles étaient empruntés à l'inépuisable collection de Crozat. Après avoir dit quel plaisir prenait Watteau à copier les beaux

crayons ou les croquis à la plume de Rubens, de Van Dyck, de
Titien et de Campagnola[1], Caylus ajoute quelques paroles sin-
gulières : « Ce fut là, dit-il, que nous lui préparions, M. Hénin...
et moi, un nombre infini de desseins, d'après les études des
meilleurs maîtres flamans et de ces grands paysagistes italiens
et que nous avancions assés pour qu'en y donnant quatre coups
il en avoit l'effet. C'était le servir selon son inclination ; car il
aimoit en tout à l'avoir promptement. » Voilà une révélation
assez inattendue. Caylus et son camarade M. Hénin reven-
diquent l'honneur d'avoir été les collaborateurs de Watteau et
d'avoir préparé pour lui de nombreux dessins qu'il achevait de
son crayon magistral. Je ne vois pas que la question posée par
ce texte ait fait dresser l'oreille aux spécialistes : il serait curieux
de savoir s'il existe réellement des dessins de Watteau dont les
dessous auraient été crayonnés par des mains étrangères. Pour
nous, nous n'en connaissons pas. Caylus, qui a écrit des contes
de fées, n'était pas homme à reculer devant une gasconnade.

Les concerts, la constante étude des chefs-d'œuvre de l'art,
la conversation avec des gens d'esprit faisaient aux commensaux
et amis de Crozat une vie assez douce. Mais, aux jours d'été,
la vue du rempart et des jardins de la Grange-Batelière ne suffi-
sait pas aux besoins de rusticité qui agitaient les âmes, même
dans le monde de la finance. On quittait Paris, et Watteau doit
à Crozat d'avoir renouvelé connaissance avec une inspiratrice
qui l'avait toujours bien servi, la campagne. Pierre Crozat, que

---

[1] Dans sa précieuse note sur Domenico Campagnola, Mariette constate que Crozat possédait un grand nombre de dessins du paysagiste padouan. Et il ajoute : « Ces dessins sont
fort beaux. Watteau les copia tous, étant chez M. Crozat, et il avouait qu'il en avait beaucoup profité. »

l'indulgente Providence comblait de ses dons, avait une maison des champs. Il possédait à Montmorency une retraite élégante où il restait des traces du propriétaire précédent, Charles Lebrun. Dans son *Voyage pittoresque des environs de Paris*, D'Argenville nous parle encore, en 1755, de la « gracieuse maison » de feu M. Crozat. L'architecte de l'hôtel de la rue de Richelieu, Cartaud, l'avait construite en 1708 avec des préoccupations un peu italiennes. Dans la coupole du salon, peinte par La Fosse, on voyait Phaéton demandant imprudemment à son père la permission de conduire son char. Pierre Legros avait sculpté dans la chapelle une gloire céleste. Quant aux jardins, ils devaient « leurs beautés à Lebrun, leur ancien maître ». Ce n'étaient que terrasses donnant sur la campagne, boulingrins, pièces d'eau retombant en cascades, et çà et là des balustrades et des portiques dont le Lebrun avait fourni le dessin et que Cartaud avait respectés. Watteau vint souvent à Montmorency ; il y a beaucoup dessiné, et c'est dans le parc de Crozat, au dire de Mariette, qu'il a trouvé le motif du paysage de la *Perspective*, le beau petit tableau qui, lorsque Crépy le grava, appartenait à Guénon, menuisier du roi. On voit ainsi que, même au temps du Régent et de Mme de Parabère et lorsque la société élégante vivait dans un monde artificiel et peut-être un peu malsain, Watteau n'a pas été complètement sevré des spectacles de la nature. Malgré Fontenelle et ses pastorales, il a vu de véritables arbres et des prairies plus vertes que celles de l'Opéra.

A l'hôtel de la rue de Richelieu ou à Montmorency, la vie que menait Watteau était une vie occupée et à certaines heures un peu mondaine. Il ne faut pas regretter que le fils du couvreur de Valenciennes ait été mêlé de très près aux gens du bel air, car il a vu dans cette compagnie des costumes, des attitudes, des grâces dont son œuvre a gardé l'heureux souvenir. Malgré les dissipations ambiantes et les musiques du soir, ses matinées lui appartenaient et il a beaucoup travaillé chez Crozat. Nous avons dit que c'est là que Watteau se trouva pour la première fois en contact avec les œuvres vénitiennes. Il les étudia beaucoup et il dut à cette étude ce culte pour les carnations chaudes qu'on remarque dans quelques-uns de ses tableaux : il semble même que sa fréquentation avec les maîtres italiens ait élargi le répertoire de ses motifs habituels. Nous en avons une preuve à la galerie Lacaze. Il y a un peu d'italianisme dans l'idée de représenter Jupiter changé en satyre et contemplant d'un œil avide la nudité d'Antiope endormie. Mais, ici, le sujet seul fait penser aux peintres de la grande école, car la forme est tout à fait insuffisante, et Watteau, à ce moment du moins, ne savait qu'à demi les élégances et les courbes amoureuses de la femme complètement déshabillée. Ce tableau de *Jupiter et Antiope*, qu'on a vu passer en 1857, à la vente Patureau, je ne le cite pas comme un chef-d'œuvre, mais comme un témoignage des troubles que Watteau, imparfaitement informé des suavités de la forme féminine, éprouvait devant la nudité vivante. Je le cite aussi, parce que, sur une structure sans beauté, Watteau a essayé de mettre les morbidesses de la chair, les palpitations de l'épiderme, et qu'il a exprimé son rêve en utilisant les leçons qu'il avait prises chez les Vénitiens de la collection Crozat. Le *Jugement de Pâris* qu'on peut voir aussi à la galerie Lacaze, n'est qu'une esquisse, un simple frottis ; mais combien la peinture est intéressante !

Ici, rien de vénitien. Ce jour-là Watteau avait regardé les Flamands. La déesse a retiré ses voiles et elle apparaît nue devant son juge. La peinture est faite avec des blonds, avec des gris rosés d'une distinction suprême et, sans être très pures, les formes sont savoureuses. La légèreté du travail est celle d'un disciple posthume de Rubens. Fragonard a dû étudier cette vive esquisse.

On voit, par ces deux exemples, que, pendant son séjour chez Crozat, Watteau montre dans l'art une grande diversité de caprice et des ambitions compliquées. C'est une douce flânerie dans l'idéal, c'est la promenade gourmande de l'abeille qui va goûter toutes les fleurs et ne s'attarde à aucun calice. Caylus et les biographes ironiques voient dans cette allure capricante, une preuve de l'inconstance de Watteau, une marque de son indé-cision perpétuelle. Nous y verrions volontiers le signe d'une curiosité insatiable et d'une intelligence qui, avant de choisir et de se fixer, veut savoir. Ce séjour de Watteau chez Crozat a été une longue période de rêverie et d'étude.

Mais voilà qu'un éclat de rire retentit tout à coup dans Paris. Ce sont les Comédiens italiens qui reviennent. Louis XIV est mort; le Régent et son monde pensent qu'il est temps de rendre ses droits au sourire exilé. Depuis 1697, les scellés res-tent apposés sur la porte de l'hôtel de Bourgogne : cette porte va se rouvrir. Les anciens confrères de la Comédie sont morts ou dispersés: il faut reconstituer leur troupe errante ou appauvrie. Au mois de juin 1716, le Régent appelle une nouvelle équipe de comédiens. Durant dix-neuf ans, l'araignée a silencieusement filé sa toile dans la salle de l'hôtel de Bourgogne. Pendant qu'on

répare leur ancien théâtre, les bouffons débuteront à l'Opéra, et,
dès le premier jour, le droit leur est accordé de prendre le titre
de Comédiens italiens de S. A. R. Monseigneur le duc d'Orléans.
Paris attendait le retour des expulsés de 1697 : il les reçut à
merveille.

La nouvelle troupe était fort bien composée. Elle comprenait les maîtres de l'esprit et les souveraines de la grâce. On y
comptait plusieurs des étoiles qui allaient scintiller au ciel rede-
venu lumineux : la charmante Silvia (Giovanna Benozzi) et
Mario (Joseph Baletti) qu'elle devait épouser plus tard ; Fla-
minia (Hélène Baletti) et son mari Lelio (Louis Riccoboni).
Dans les rôles de caractère, consacrés par la longue tradition du
rire, Paris pouvait applaudir Francesco Matterazzi, toujours
plaisant sous l'habit du Docteur, et Giacomo Rauzzini, qui
n'était pas un médiocre Scaramouche. Ces comédiens, dont le
Régent vint voir le début, n'eurent pas l'honneur de plaire à
Saint-Simon, qui en parle assez durement : « La nouveauté et
la protection, dit-il, les mirent fort à la mode; mais peu à peu les
honnêtes gens se dégoûtèrent de leurs ordures, et ils tombèrent. »

Où M. le duc de Saint-Simon voyait des « ordures », le
délicat Watteau ne voyait que des lazzi spirituels et des gaietés
permises. Il a beaucoup aimé la Comédie italienne : il y prit,
au bénéfice de son œuvre, des types, des groupes, des costumes
que son imagination a transformés en visions charmantes.
Ainsi que nous l'avons déjà dit, c'est le retour des bouffons
sous la Régence qui a pu donner à Watteau l'idée de peindre le
Départ des comédiens italiens en 1697, tableau que nous ne connaissons plus que par la gravure de L. Jacob, et qui, représen-

tant une scène que l'artiste, alors enfant, n'avait pas vue, fut le résultat d'un effort rétrospectif et d'une sorte de reconstitution historique. Il est vraisemblable, on peut même considérer comme certain que, pour raconter cette ancienne aventure, Watteau s'est servi des figures et des accoutrements que la nouvelle troupe mettait sous ses yeux.

Ce tableau perdu et ceux qui sont dictés par la même inspiration soulèvent la délicate question de savoir quelles ont été les relations de Watteau avec la Comédie italienne. A consulter son œuvre, il semble en avoir été fort occupé, et les romanciers à qui toutes les conjectures sont faciles, n'hésitent pas à croire que cet ami de la comédie a dû être l'ami des comédiennes. Si Watteau, qui a trente-deux-ans en 1716, a eu quelques aimables aventures, à l'Opéra d'abord, ensuite à l'hôtel de Bourgogne réparé et même à la Comédie-Française[1], nous ne pourrions que lui adresser nos compliments, car le théâtre exalte les cervelles les plus raisonnables, et il y avait dans la troupe des minois séduisants et de beaux yeux italiens. Les peintres ont le droit d'aimer : on pardonnerait volontiers certaines galanteries à Watteau, puisqu'on lui pardonnerait tout. Mais notre respect pour l'histoire nous oblige à dire que les choses ne se sont peut-être pas passées comme on les imagine. Comment oublier les témoignages qui nous viennent de ceux qui ont le mieux connu le sérieux artiste ? Le mot de Gersaint sur Watteau « libertin

---

[1] Watteau y a certainement passé quelques soirées. Nous savons par le recueil des *Figures françaises et comiques* qu'il a dessiné Poisson « en habit de paysan », Dumirail dans un costume analogue et Charlotte Desmares, jouant le rôle de pèlerine. Il les a vus à la scène. Les a-t-il fréquentés d'une façon plus intime ? On l'ignore. Mlle Desmares avait été la maîtresse du Régent en 1702, mais elle était charmante encore lorsqu'elle quitta le théâtre en avril 1721.

BON VOYAGE, PAR WATTEAU

(D'après la gravure d'Audran.)

d'esprit, mais sage de mœurs », paraît significatif. Il est d'ailleurs
confirmé par Caylus qui écrit : « La pureté de ses mœurs lui
permettoit à peine de jouir du libertinage de son esprit. » C'est
là, je le sais, l'opinion d'un mousquetaire, qui souffre avec peine
que l'homme soit paralysé par la vertu. Mais il semble bien
qu'on doive renoncer à la légende, d'invention moderne d'ailleurs, qui fait du mélancolique Watteau un pilier de coulisse,
un amoureux toujours suspendu aux jupes de Colombine.

Au théâtre, il a eu des tendresses et des curiosités d'artiste ;
il a pu s'éprendre d'une attitude, d'un mouvement, d'une boucle
de cheveux jouant sur une nuque aux blancheurs rosées. L'habitude et le besoin des amours défendues ne s'expliquent pas
chez ce malade qui est en même temps un laborieux sans frein.
Enfin, quant au personnel que Watteau a mis en scène, nous
savons aujourd'hui qu'il n'y faut pas voir toujours des comédiens
et des comédiennes authentiques. Le peintre a beaucoup usé du
travesti. « Watteau, dit Caylus, avoit des habits galants et quelques-uns de comiques dont il revêtoit les personnes de l'un et
de l'autre sexe selon qu'il en trouvoit qui vouloient bien se tenir
et qu'il prenoit dans les attitudes que la nature lui présentoit,
en préférant volontiers les plus simples aux autres. » Ainsi, pour
juger Watteau et sa morale, il faut toujours se souvenir de son
magasin d'accessoires. Beaucoup de ses prétendus comédiens
sont des amis revêtus d'un déguisement ; le « gros brun au
riant visage » que nous montre, sous l'habit de Mezetin, une
gravure de Thomassin fils serait, d'après Mariette, le portrait de
Sirois, et quant aux comédiennes, ce sont souvent de simples
modèles ou de complaisantes voisines. Il y a sur ce point un

mot de d'Argenville qui est un trait de lumière. Watteau a eu longtemps une servante « qui étoit belle » et qu'il a fait poser sous tous les costumes. Si, par aventure, il a aimé la soubrette

L'ACTEUR POISSON EN HABIT DE PAYSAN, PAR WATTEAU
(D'après une gravure de Desplaces.)

dont il utilisait la grâce, il a imité Rembrandt. Mais pour revenir à notre propos, on voit que Watteau a vécu sur les frontières du théâtre : il n'était pas essentiellement de la maison.

Cette conviction, que je n'avais pas encore acquise en 1870, me fait regretter le temps que j'ai perdu jadis à rechercher avec

un zélé malheureux le nom du comédien que Watteau aurait
représenté sous l'habit blanc du *Gilles* de la collection Lacaze.

GUILLOT, PERSONNAGE DE LA COMÉDIE ITALIENNE, PAR WATTEAU
(D'après la gravure de Caylus.)

Le caractère iconique de la peinture n'est pas douteux : nous
sommes bien en présence d'un portrait. Quel est donc le bouf-
fon qui, au temps de Watteau, a, dans les théâtres forains cu à

13

la Comédie italienne, porté avec honneur la souquenille imma-
culée de Gilles ou de Pierrot?

Si, disions-nous, le personnage représenté par Watteau est un acteur de la
Comédie, le champ des investigations serait circonscrit entre 1716, date du
retour de la troupe, et la mort du peintre (1721). Or nous connaissons
un de ceux qui, à cette époque, se sont affublés de l'habit blanc aux larges
boutons. Pierre-François Biancolelli, le fils du grand Dominique, avait
d'abord couru la province, dont il faisait les délices sous le costume d'Arlequin ; mais « M. le Régent ayant souhaité qu'il s'attachât à la troupe Italienne, pour pouvoir en cas d'accident, remplacer Thomassin, il parut sur
le théâtre de l'hôtel de Bourgogne, pour la première fois, le 11 octobre
1717, sous l'habit de Pierrot ; mais il quitta bientôt ce rôle pour prendre
celui de Trivelin [1] ». La date indiquée nous conviendrait à merveille. En
1717, Biancolelli avait trente-sept ans, et Watteau a très bien pu peindre ce
personnage qui tenait tant de place dans les préoccupations du Régent. Le
Gilles est peut-être le portrait de Biancolelli.

Mais cette indication est purement conjecturale. Il y avait bien des Pierrots sous la Régence ! Si Biancolelli porta pendant quelque temps cet habit
de caractère, il en est d'autres qui le portèrent toute leur vie et que Watteau
dut connaître.

Seulement, ce n'est point à la Comédie italienne qu'il les faut chercher,
mais à l'Opéra-Comique, dans ce théâtre forain dont la sérieuse histoire se
serait plus occupée si elle connaissait ses devoirs.

… Indépendamment de Quinson, dont Gillot a gravé le portrait, Watteau
a pu applaudir, il a pu peindre quatre ou cinq Pierrots : Billard, qui débuta
en 1700 dans la troupe d'Alard et de la veuve Maurice, et dont la vie fut
— pour la durée, — celle d'un patriarche ; Maillot, qui monta sur les
planches en 1702 ; Hamoche, dont le succès commence en 1712 ; Belloni
qui joua jusqu'en 1721 et cet autre dont on sait si peu les aventures, ce
pauvre Bréon qui, après avoir fait la joie de la foire Saint-Germain, mourut
phtisique en 1720, comme Watteau allait mourir… Le personnage qui a
posé pour le *Gilles* est vraisemblablement un des acteurs que nous avons

---

[1] *Dictionnaire portatif des théâtres*, 1754, p. 429.

indiqués. Mais lequel ? Là est le mystère, et nous serons sans doute con-
damnés toujours à l'aimer sans savoir son nom.

Aujourd'hui nous renonçons à cette vaine poursuite. Le
sérieux farceur qui, debout dans son blanc uniforme, attend,
pour jouer son rôle, l'arrivée des camarades qu'on entrevoit à
mi-côte, n'est peut-être qu'un ami déguisé en Gilles pour faire
plaisir à Watteau.

Et pendant que le maître écoutait Mlle D'Argenon aux concerts de Crozat, pendant qu'il copiait les dessins de Rubens et
de Titien et qu'il étudiait le paysage dans le parc de Montmorency, que faisait l'Académie royale ? Elle se morfondait, attendant depuis 1712 le morceau de réception que Watteau avait
promis, et ne voyant rien venir. Elle savait bien que l'artiste
oublieux lui manquait de parole, car c'est chez elle, c'est au
Louvre, que le « chef-d'œuvre » réglementaire devait être exé-
cuté. Deux commissaires avaient été désignés pour voir travailler Watteau. Barrois et Antoine Coypel commencent à s'impa-
tienter : l'Académie fait comme eux, et quoiqu'elle soit fort
débonnaire, elle prend le parti de rappeler à l'agréé que ses
lenteurs lui causent quelque surprise. Le 5 janvier 1714, elle
invite Watteau à faire connaître les causes de son retard. Watteau, occupé ailleurs, garde le silence. A la première séance de
1715, nouveau rappel au règlement. Bien que le procès-verbal ne
le dise pas, le bon La Fosse demandait sans doute un répit pour
son commensal de l'hôtel Crozat, et en effet, le 25 janvier 1716,
l'Académie proroge le temps octroyé « au s^r Watteau » pour
faire son morceau de réception. Au début de chaque année, la
Compagnie s'occupait de la situation des retardataires. Le 9 jan-

vier 1717, elle accorde à Watteau un nouveau délai d'un mois.
Enfin l'obstiné rêveur se décide : il s'aperçoit qu'après s'être
longtemps fait tirer l'oreille, son maître Gillot a peint un Christ

BON VOYAGE, PAR WATTEAU
(D'après une gravure.)

et a été reçu en 1715, que son ami Nicolas Vleughels, agréé des
plus récents, a livré son chef-d'œuvre le 31 décembre 1716. Il
a la conscience de sa faute ; il voit clairement que tout le
monde est académicien excepté lui ; il prend un jour une réso-

lution héroïque : il se rend au Louvre, et il peint en très peu
de temps et comme pour se débarrasser d'un pensum, une
des merveilles de l'école française, l'*Embarquement pour Cythère*.

JEUNE FEMME ASSISE, PAR WATTEAU
(D'après une gravure d'Audran.)

Ce tableau, sans précédent dans l'histoire de l'art national,
n'était qu'une esquisse inégalement poussée et, par endroits, un
peu flottante. Mais l'Académie eût été bien difficile si elle n'eût
pas accueilli avec honneur cette composition amoureuse qui,

faisant succéder une fleur de poésie vivante à toutes les allégories surannées, allait devenir un événement dans l'histoire
de la peinture. Watteau fut reçu académicien. Nous donnons,
d'après le texte officiel, un extrait du procès-verbal de la séance
du 28 août 1717 :

> Aujourd'huy samedy vingt-huit aoust mille sept cens dix-sept, l'Académie
> s'est assemblée génerallе. Le sieur Antoine Watteau, peintre, né à Valen-
> ciennes et agréé le trente juillet mil sept cens douze, a fait apporter le
> tableau qui luy avoit été ordonné pour sa reception, représentant une feste
> galante. L'Académie, après avoir pris les suffrages à la manière accoutu-
> mée, elle a reçu ledit sieur Vatteau académicien, pour jouir des privilèges
> attachez à cette qualité, en observant par luy les règlements de la Compa-
> gnie, ce qu'il a promis, en prestant serment entre les mains de Monsieur
> Coypel, écuyer, premier peintre du Roy et de son A. R. Monseigneur le
> duc d'Orléans, présidant aujourd'hui à l'assemblée. Quand au présent
> pécuniaire, il a été modéré à la somme de cent livres.

La réception de Watteau avait attiré à l'Académie un nombre
de membres bien supérieur à celui des fidèles qui assistaient
d'ordinaire aux séances. Peintres, sculpteurs, graveurs, tous
ceux qui avaient une situation dans l'art étaient présents à la
fête que présidait Antoine Coypel ; parmi les signatures inscrites
au bas du procès-verbal, il en est même une qui est touchante,
celle de Gillot. Claude Gillot, toujours un peu indiscipliné,
pouvait à bon droit passer pour un académicien intermittent
ou, du moins, fort inexact : il était constamment occupé le
samedi et on le voyait rarement aux réunions de l'assemblée.
Mais le 28 août 1717, il a été informé de l'ordre du jour, il a
voulu voter pour Watteau, et il est là, n'inscrivant son nom
qu'après celui de son ancien élève qui, prenant immédiatement

séance, signe pour la première fois le procès-verbal. Pourquoi nous dit-on que Gillot et Watteau s'étaient mal quittés ? Une estime réciproque avait sans doute dissipé le nuage d'un moment, et on les retrouve l'un à côté de l'autre aux jours de bataille.

L'*Embarquement pour Cythère* fut placé dans les salles de l'Académie pour faire suite à la série des morceaux de réception, et c'est en raison de cette circonstance que le Louvre a hérité de l'immortel chef-d'œuvre.

Mais hâtons-nous de le dire : l'exemplaire du Louvre n'est pas, ainsi que le croyait Villot, celui qui a été gravé par N. H. Tardieu. Watteau ne voyait dans son morceau de réception qu'une esquisse insuffisante, une sorte de projet où sa pensée n'était pas complètement écrite. Le maître avait l'habitude de se juger sévèrement. Et comme l'*Embarquement pour Cythère* était un motif qui plaisait à sa fantaisie, il le refit avec de nombreuses variantes, en meublant davantage sa composition, en y ajoutant de nouveaux détails. De là un tableau définitif, qui est aussi un chef-d'œuvre. La seconde édition de l'*Embarquement* fut acquise par Julienne qui la possédait encore lorsque Nicolas-Henri Tardieu en fit la belle estampe que mentionne le catalogue du Louvre, et dont la publication est annoncée dans le *Mercure* d'avril 1733.

Cette précieuse peinture, Julienne, plus fidèle à ses amis qu'à leurs œuvres, ne la conserva pas. A une date que nous ignorons, elle disparut de son cabinet, sans doute à la suite d'une vente à l'amiable. Mais la réplique augmentée et modifiée de l'*Embarquement pour Cythère*, celle qui a servi de type à la gravure de Tardieu, n'est pas perdue : elle est aujourd'hui au

vieux château de Berlin, et elle resplendit aux murailles de la
résidence impériale avec tout le brillant éclat d'une fleur française dont nos rois auraient pu s'emparer s'ils avaient aimé et
connu la peinture. Ce ne sont pas seulement nos colonies
que Louis XV a perdues : il a montré la même nonchalance à
l'endroit de quelques-uns de nos plus précieux chefs-d'œuvre.
Exiler Watteau, quelle faute ! Il n'est pas vraisemblable que
nous puissions jamais placer l'*Embarquement* de Berlin à côté de
notre glorieuse esquisse du Louvre et nous rendre compte par
un examen synoptique des différences qui existent entre le
premier rêve du maître et l'expression définitive de sa pensée.
Un mot encore : l'exemplaire du château de Berlin est admira-
blement conservé : c'est un des plus beaux Watteau du monde.

Néanmoins notre triomphante esquisse garde son prix. Tous
les critiques en parlent et la description de l'*Embarquement pour
Cythère* est un thème offert à ceux qui s'essaient à l'art d'écrire.
Mais celui de nous tous qui a donné sur le charmant chef-
d'œuvre la note la plus juste, celle qui le rappelle le mieux au
souvenir, c'est Théophile Gautier. Dans son *Guide de l'amateur
au Musée du Louvre*. Il a laissé sur l'esquisse de Watteau une
page qu'il faut relire :

Au bord d'une mer dont l'azur vague se confond avec celui du ciel et
des lointains, près d'un bouquet d'arbres aux branches légères comme des
plumes, se dresse une statue de Vénus ou plutôt un buste de la déesse
terminé en gaine à la façon des Termes et des Hermès. Des guirlandes de
fleurs s'y suspendent. Un arc et un carquois y sont attachés. Non loin
de la déesse, sur un banc, une jeune femme jouant de l'éventail semble
hésiter à partir pour l'île de Cythère. Un pèlerin agenouillé près d'elle lui
chuchote à l'oreille de galantes raisons, et un petit Amour, le camail sur

les épaules, la tire par le pan de sa robe. Il doit être du voyage sans doute. A côté de ce groupe, un cavalier prend par les mains, pour l'aider à se lever, une jeune beauté assise sur le gazon. Un autre emmène sa belle, qui ne résiste plus et dont il entoure du bras le fin corsage. Au second plan, trois groupes d'amoureux, le camail au dos, le bourdon à la main, se dirigent vers la barque où sont déjà arrivés deux groupes de pèlerins de la tournure la plus svelte et la plus coquette. Avec quelle élégance la femme qui va entrer dans l'esquif relève par derrière, d'un petit tour de main, la traîne de sa robe ! Il n'y a que Watteau pour saisir au vol ces mouvements féminins. La barque est sculptée, dorée et porte à sa proue une chimère ailée, cambrant son torse et renversant sa tête dans une coquille à cannelures. Des rameurs demi-nus la manœuvrent, et de petits Amours en déploient la tente. Au-dessus de l'esquif, dans des tourbillons de légères vapeurs, pareilles à des gazes d'argent, volent, se roulent et jouent des Cupidons enfants, dont l'un agite une torche. Voilà bien à peu près les principaux linéaments de la composition et la place des personnages. Mais quels mots pourraient exprimer ce coloris tendre, vaporeux, idéal, si bien choisi pour un rêve de jeunesse et de bonheur, noyé de frais azur et de brume lumineuse dans les lointains, réchauffé de blondes transparences sur les premiers plans, vrai comme la nature et brillant comme une apothéose d'opéra ! Rubens et Paul Véronèse reconnaîtraient volontiers Watteau pour un de leurs petits-fils.

Et, en effet, le soir du 28 août 1717, le nouvel académicien put s'endormir gaiement. A l'heure où la Hollande déchue se délectait aux peintures métalliques d'Adrien van der Werff, où la Flandre glissait dans une décadence qu'on pouvait croire sans remède, où l'Italie, elle-même, oubliait le sentiment et le métier, l'auteur de l'*Embarquement pour Cythère* était le premier peintre de l'Europe.

IV

DERNIÈRES ANNÉES

Watteau académicien! Ce nom et ce titre accolés sur un procés-verbal éclatent aux yeux et à l'esprit comme la proclamation d'une invraisemblance. Nul moins que le triomphateur de l'*Embarquement pour Cythère* n'était académique, au sens que les modernes donnent à ce mot; même sous la Régence, la contradiction entre la fonction et le titulaire était évidente. On ne se figure pas Watteau, toujours épris de son caprice et de son vagabondage dans l'azur, laborieux du reste et peut-être déjà maladif; on ne le voit pas assistant, comme un simple Barrois ou tout autre modèle d'exactitude, aux séances du samedi, écoutant la lecture d'une conférence, épiloguant sur un réglement à modifier ou distribuant des prix à des écoliers. Watteau avait bien d'autres soucis en tête. Dès le premier jour, son parti fut pris. L'artiste accepta l'honneur qu'il avait ambitionné; il usa des libertés professionnelles qui lui étaient désormais garanties, mais il fut académicien le moins possible.

Reçu le 28 août 1717, Watteau crut devoir faire preuve de courtoisie et il se rendit à la séance du samedi suivant (4 septembre). Il écouta d'une oreille un peu distraite la lecture d'un ancien discours retrouvé dans les archives où Sébastien Bourdon avait résumé ses idées sur la lumière ; la question n'était pas sans intérêt, mais sur les lois du rayon lumineux, Watteau en savait aussi long que le vieux maître et il ne s'amusa pas. A partir de cette date, sa signature ne se retrouve qu'une fois au bas du procès-verbal. La dernière séance de l'année eut lieu le vendredi 31 décembre : ce jour-là, l'Académie était toujours fort nombreuse : on nommait la délégation chargée d'aller complimenter le protecteur de la compagnie et c'était une affaire, car on aimait à s'approcher du représentant du roi ; on échangeait quelques souhaits au sujet du jour de l'an nouveau, on recevait ses étrennes sous la forme de compliments plus ou moins sincères. Watteau assista à cette dernière séance de 1717, — et il ne revint jamais. C'est vainement qu'il se passe à l'Académie royale des choses qui pourraient l'intéresser, la présentation de Lancret, par exemple, à laquelle l'inexact Gillot a voulu assister (1718), la réception définitive du nouvel agréé (1719), la glorieuse entrée de Rosalba Carriera qui, admise le 26 octobre 1720, prend séance le 9 novembre ; tous ces événements le touchent peu. Gillot, attentif aux intérêts du groupe moderne, vient quelquefois : Watteau jamais.

L'Académie ne fut pas sans s'apercevoir de ces absences éternelles ; mais le nouveau collègue n'avait aucun grade dans l'état-major ; comme son inexactitude ne mettait en péril aucun service, elle ne se plaignait point : elle se contenta d'oublier celui qui l'oubliait. Watteau aurait été relégué dans une lointaine province qu'il n'aurait pas été plus indifférent au cœur de l'Académie. Les registres fournissent une preuve de cette insouciance. Lorsqu'un académicien tombait malade, il était d'usage d'envoyer chez lui deux commissaires pour le visiter, prendre des nouvelles de sa santé compromise et lui apporter les vœux que faisait la compagnie pour sa prompte guérison. Il ne se passa rien de pareil à l'égard de Watteau. Quatre ans après sa réception, le pauvre garçon fut décidément atteint d'un mal sans remède : l'Académie ne lui envoya aucun message amical. Elle le laissa mourir dans sa retraite ; elle enregistra sa mort au procès-verbal et elle passa à l'ordre du jour.

Les manquements de Watteau aux réunions hebdomadaires peuvent s'expliquer par le médiocre souci que lui inspiraient les opérations académiques, et aussi par les exigences de son propre travail, par les complications de sa vie à la fois rêveuse et agitée. Et, en effet, au dire de Caylus, l'entrée de Watteau à l'Académie avait eu pour résultat d'augmenter le nombre des fâcheux qui venaient frapper à sa porte. L'hôtel de la rue de Richelieu où l'on recevait beaucoup de visites n'était pas d'ailleurs la maison tranquille qu'ambitionnait l'artiste ; on y faisait trop de bruit autour de son labeur ou de son caprice. Watteau, devenu académicien, ne demeura pas longtemps chez Crozat.

Gersaint, qui malheureusement ne donne ici aucune date, nous fournit sur ce point un détail curieux : « L'amour de la liberté et de l'indépendance le fit sortir de chez M. Crozat ; il vouloit vivre à sa fantaisie et même obscurément : il se retira

chez mon beau-père (Sirois) dans un petit logement, et
défendit absolument de découvrir sa demeure à ceux qui la
demanderoient. » La vie de Watteau est pleine de ces dispari-
tions volontaires, et nul maître n'a été plus que lui amoureux
du silence.

On ne sait trop ce qu'il a pu faire dans la retraite que lui
avait ménagée Sirois. Pour l'année 1718, nous n'avons pas un
détail. Le monde financier est en grande rumeur, car nous
touchons au moment où le comptoir de Law va être déclaré
banque royale (4 décembre). La fièvre de l'or agite Paris :
Watteau demeure tranquille. Mariette, qu'il avait connu chez
Crozat et qui lui a toujours rendu justice, se promène en Allemagne ; mais Watteau a toujours les mêmes amitiés, Antoine
de la Roque, Gersaint, Caylus, Hénin et peut-être aussi l'abbé
Haranger, qui était chanoine de Saint-Germain l'Auxerrois et
qui aimait beaucoup la peinture. Une lettre, malheureusement
sans date, jette un faible trait de lumière sur la vie que devait
mener Watteau à cette époque. Nous en empruntons le texte
aux anciennes *Archives de l'art français.*

A monsieur Gersaint, marchand sur le pont Notre-Dame, de la part de Watteau.

Du Samedi.

Mon ami Gersaint, oui, comme tu le désires, je me rendrai demain à
dîner avec Antoine de la Roque chez toi. Je compte aller à la messe à dix
heures à Saint-Germain de l'Auxerrois ; et assurément je seroi rendu chez
toi à midi, car je n'auroi avant qu'une seule visite à faire à l'ami Molinet
qui a un peu de pourpre depuis quinze jours.

En attendant, ton amy,

A. WATTEAU.

Vers la même époque, Watteau compta un camarade de plus, Nicolas Vleughels, qu'il avait sans doute rencontré à l'Académie et qui, le 20 août 1717, avait en effet voté pour lui au jour de la fameuse élection. Vleughels, né en 1669, était parisien, mais il se rattachait à la Flandre par son père Philippe Vleughels, le peintre anversois venu en France à la fin du règne de Louis XIII. Nicolas, académicien depuis 1716, n'avait alors dans l'art qu'une situation médiocre, mais il prenait volontiers de grands airs et passait pour un personnage. Mariette, qui l'a connu, nous a laissé de Nicolas Vleughels un piquant portrait : « A peine savait-il dessiner, écrit-il ; il ne peignait guère mieux : il avait pourtant le secret de faire des petits tableaux qui plaisaient ; c'est qu'il ne traitait que des sujets agréables, et que ses figures ainsi que ses compositions avaient quelque chose de flatteur. Tout le monde n'était pas obligé de savoir qu'il les avait pillés dans les œuvres des grands maîtres. Il ne faisait aucune difficulté d'en copier des morceaux entiers et de les reporter dans ses tableaux. On le trouvait constamment entouré d'estampes où il fourrageait, et personne ne lui en demandait aucun compte. Ses confrères le craignaient, les gens de lettres le considéraient ; un certain ton qu'il avait pris faisait imaginer qu'il avait de l'érudition, qui pourtant était des plus minces ; mais que ne fait-on pas, armé d'un peu de charlatanerie ? »

Plus tard, à un moment que Watteau n'a pas connu, Nicolas Vleughels, dont les allures avaient séduit le duc d'Antin, fut nommé directeur de l'Académie de Rome. Il eut dans ce poste une attitude très convenable, « faisant parfaitement les honneurs de la nation ». Le talent, du reste, ne lui vint jamais, et ses deux petits tableaux du musée d'Angers sont une preuve de sa médiocrité persistante. Il est étrange que Watteau se soit lié avec un peintre d'une aussi faible valeur. Comme tant d'autres, il aura subi le charme de ce pseudo-gentilhomme. Le fait certain, c'est que vers la fin de 1718 ou au début de 1719, les deux artistes résolurent d'habiter ensemble et allèrent se loger, bien loin du Paris central, « dans la maison du neveu de M. Le Brun;. sur les fossés de la Doctrine chrétienne », c'est-à-dire au faubourg Saint-Victor. Le quartier, plein de couvents et de jardins, était suffisamment retiré, et Watteau crut avoir trouvé le calme qu'il avait toujours poursuivi.

Ce n'est pas seulement Mariette qui nous parle de l'installation de Watteau aux environs de la Doctrine chrétienne. Le renseignement est confirmé par Nicolas Vleughels lui-même. Le 20 septembre 1719, le peintre empêché qui faisait des tableaux avec des estampes, écrit à Rosalba, alors à Venise : « Un excellent homme, M. Watteau, duquel vous avez sans doute entendu parler, désire ardemment vous connaître. Il voudrait avoir le plus petit ouvrage de votre main, et en échange il vous enverrait quelque chose de lui, car il lui serait impossible de vous en remettre la valeur... Il est mon ami ; nous demeurons ensemble et me prie de vous présenter ses plus humbles respects. »

Il est donc probable que c'est pendant qu'il cohabitait avec Vleughels que Watteau a travaillé pour le Régent. On s'étonnerait que le prince ami des arts, le collaborateur d'Antoine Coypel, n'eût jamais rien demandé au peintre de l'*Embarquement pour Cythère*. Il est vrai que le Régent ne se hâta pas d'employer le pinceau du maître enchanteur; mais enfin il se décida, et nous en avons la preuve dans une quittance dont nous reproduisons le texte :

« J'ay reçu de Monseigneur le duc d'Orléans 260 livres pour un petit tableau qui représente un jardin avec huit figures.

« Fayt à Paris, le 14 août l'an 1719.

» Antoine VATEAU[1]. »

Ce tableau, le Régent ne le conserva pas. Il l'avait sans doute demandé à Watteau pour en faire cadeau à l'une de ses maîtresses. Ce qui est certain, c'est qu'on ne le trouve plus mentionné dans la *Description des tableaux du Palais-Royal*, publiée en 1727 par Dubois de Saint-Gelais. Mais ce catalogue nous apprend que le duc d'Orléans possédait un autre Watteau, les *Singes peintres*. Ce tableau, peint sur cuivre, était une véritable miniature, car il avait 2 pouces 10 lignes de hauteur sur une largeur de 3 pouces 8 lignes. Il n'y a point d'erreur sur l'indication de cette mesure, car les *Singes peintres* formaient le pendant d'un autre petit cuivre attribué au vieux Breughel que Dubois de Saint-Gelais appelle une *Musique de chats* et dont les dimensions sont à peu près les mêmes. La singerie de Watteau était un intérieur d'atelier : on y voyait un gros singe, vêtu de vert, occupé à peindre un tableau posé sur un chevalet, tandis que derrière lui quatre autres singes, ses élèves sans doute, s'exerçaient aussi à la peinture et au dessin. Ce tableau est perdu, et c'est grand dommage, car il nous aurait dit quelle quantité d'esprit Watteau savait faire étinceler quand il consentait à enfermer son caprice dans les proportions d'une miniature.

---

[1] *Archives de l'art français*, IV, p. 112.

Si les graveurs de Watteau avaient toujours mis des dates au bas de leurs estampes, nous trouverions dans ces indications l'instrument qui nous manque pour fixer approximativement la chronologie des œuvres du maître et de ses manières ; mais cette bonne fortune est tout à fait rare. L'un d'eux cependant, Louis Surugue, a eu la charitable pensée de dater de 1719 une planche d'après un charmant tableau que les Anglais appellent *The music lesson*, et qui appartient aux héritiers de sir Richard Wallace. Les vers, d'une parfaite platitude, que Surugue a fait écrire sous sa gravure ne donnent aucune idée du sujet. Il s'agit en effet d'une leçon de musique où se cache peut-être une leçon d'amour. A droite, une jeune femme est assise ; vue jusqu'aux genoux, les cheveux relevés de façon à dégager le front et la nuque, elle tient à la main les feuillets d'une partition ; derrière elle est un personnage qui, penché en avant, semble vouloir suivre sur le cahier de musique les notes de la chanson qu'elle étudie ; devant la chanteuse, un galant instrumentiste joue d'une mandoline à long manche. L'intervalle qui sépare le maître de l'écolière est occupé par deux bustes d'enfants qui sont des merveilles d'espièglerie. Ce petit panneau est délicieux et il est intéressant d'apprendre par la date de la gravure de Surugue (1719) qu'il est très voisin de l'*Embarquement pour Cythère ;* notons pourtant cette différence que le morceau de réception à l'Académie n'est qu'une esquisse et que dans la *Leçon de musique*, qui est un tout petit tableau, l'accent est plus écrit, la touche plus spirituellement victorieuse. Et quand on regarde le procédé de travail, surtout dans les plis du pourpoint de soie dont le joueur de mandoline est vêtu, on s'aperçoit aisément que la

Leçon de musique de la collection de sir Richard Wallace, est du même temps que la *Finette* de la galerie Lacaze. Ces deux tableaux auxquels on peut joindre l'*Indifférent*, appartiennent au même idéal, et nous sommes tentés de tirer de ce rapprochement que pendant les années qui suivirent son entrée à l'Académie, c'est-à-dire en 1718 et 1719, Watteau a eu une période particulièrement brillante. Il est plus que jamais spirituel et nerveux.

Les deux pièces que nous rappelions tout à l'heure — le reçu des 260 livres payées par le Régent le 14 août, la lettre de Vleughels du 20 septembre suivant — prouvent que Watteau passa à Paris l'été de cette année 1719. Ce point est important, car il peut servir à fixer approximativement l'époque à laquelle l'artiste est allé à Londres. On sait que ce voyage est un des problèmes de sa biographie. Néanmoins Caylus déclare en termes formels que Watteau partit en 1719. Nous croyons qu'il a raison. Et en effet, nous sommes presque certain que Watteau a passé loin de Paris les derniers mois de cette année et le commencement de 1720. Notre conviction est basée sur le journal de Rosalba. On se rappelle qu'au printemps de 1720, l'artiste vénitienne, cédant aux instances de Crozat, qui lui a préparé un logement dans son hôtel, consent à se mettre en route. Le 8 avril, elle est à Lyon : quelques jours après, elle arrive à Paris et elle s'installe chez le grand amateur qui l'a appelée. On sait qu'elle note exactement dans son *Diario* les visites qu'elle fait et celles qu'elle reçoit, les portraits qu'elle entreprend, les personnages de marque qu'elle entrevoit. Or, c'est seulement le 21 août 1720 qu'elle écrit sur son journal cette simple note :

« Vu M. Vateau et un Anglois [1] ». Cette rencontre est bien tardive, car Rosalba connaissait presque tous les amis de Watteau et particulièrement Vleughels, et il est étrange qu'on ne lui ait pas présenté plus tôt le peintre qui avait exprimé le désir de posséder une œuvre de sa main savante. Nous sommes autorisés à penser que si Rosalba n'a fait la connaissance de Watteau que le 21 août 1720, c'est parce que le maître était absent pendant le printemps de cette année. Nous croyons donc qu'il convient de fixer à la fin de 1719 le voyage de Watteau en Angleterre, voyage dont il est d'ailleurs impossible de déterminer la durée.

Cette excursion à Londres a préoccupé les historiens de Watteau et ils l'ont diversement expliquée. Caylus prétend qu'ayant quitté Vleughels avec lequel il logeait, « il ne faisait plus qu'errer de différents côtés » et que l'instabilité de son caprice le livrait tous les jours à des connaissances nouvelles. On lui aurait parlé de l'Angleterre, on lui en aurait exagéré les ressources, et, sa curiosité aidant, il se serait décidé à partir. Si cette hypothèse était admise, il n'y aurait pas à chercher long-temps pour trouver l'enthousiaste qui a pu devant Watteau célébrer l'hospitalité anglaise et le gracieux accueil que les artistes français recevaient à Londres. Ce beau parleur doit être le vieux Charles de La Fosse qui entre 1689 et 1692 était allé deux fois en Angleterre, où il avait décoré de somptueuses mythologies les appartements et les escaliers de l'hôtel de lord Montagu. Le roi s'était montré enchanté de ces peintures et il voulait

---

[1] Alfred Sensier. *Journal de Rosalba Carriera*, 1865, p. 119.

retenir La Fosse pour l'employer à Hampton-Court. Il serait donc possible que ce fût le vieux peintre qui, dans une conversation chez Crozat, ait vanté à l'innocent Watteau les délices de l'Angleterre.

Une autre supposition a été faite. En 1719, Watteau était déjà malade. Caylus nous dit qu'à cette époque, il « avait la poitrine attaquée ». Or, Londres possédait alors un praticien célèbre, le docteur Richard Mead, qui passait pour habile et qui fut plus tard médecin du roi. Mead s'occupait particulièrement des poisons, et il a même laissé un livre sur la matière, mais il est possible qu'il ne se soit pas renfermé dans cette spécialité. On a donc pu supposer que Watteau a passé le détroit, non dans un esprit de lucre, mais pour consulter ce sauveur. Telle était du moins l'opinion d'Horace Walpole. Nous savons en effet que Watteau a vu le docteur Mead et qu'il a travaillé pour lui, car ce médecin était un amateur des arts et il a laissé une collection dont le catalogue nous a été conservé.

Le docteur Mead avait des tableaux et il aimait à les faire graver. C'est probablement chez lui que Watteau rencontra Bernard Baron qui était en Angleterre depuis 1712. Il reste une trace de leur liaison : c'est un beau dessin à la sanguine que possède le British Museum et qui montre Baron occupé de son travail de gravure.

Malgré la joie qu'il éprouva en retrouvant un compatriote, Watteau, en arrivant à Londres, se sentit un peu dépaysé au milieu d'un peuple dont il n'entendait pas le langage et dont les idées en peinture étaient faites pour le surprendre. S'il a pu, ce que nous ignorons, pénétrer dans quelques-uns des somptueux

hôtels de la noblesse, il a eu la joie d'y reconnaître des visages
amis, car les œuvres de Rubens et de Van Dyck brillaient en
grand nombre dans les demeures seigneuriales comme dans les
palais du roi. Mais quant aux artistes vivants que Watteau a
dû rencontrer chez le docteur Mead ou ailleurs, il lui était moins
facile de se montrer enthousiaste. Sous George Ier, la situation
de l'École anglaise n'était nullement prospère. L'école était visiblement en retard. Elle vivait encore dans l'idéal Louis-quatorzien contre lequel Watteau avait dû s'insurger. Au moment de
son voyage à Londres, le peintre à la mode était sir James
Thornhill que la reine Anne avait nommé *Historical painter to
the Crown* et que George Ier avait anobli en 1715. A ces titres,
ce personnage considérable venait d'ajouter une qualité nouvelle,
car c'est en 1719 qu'il devint membre du Parlement. Si Watteau
est allé à Greenwich, il a pu voir Thornhill, entouré d'une
légion de manœuvres et occupé à peindre l'immense plafond
de l'hôpital, composition prétentieuse où les allégories se
meuvent péniblement dans un océan de teintes brunes ou jau-
nissantes qui font du maître un imitateur de l'école de Versailles
et un contemporain alourdi de Jouvenet. Chez Thornhill,
Watteau ne pouvait retrouver qu'une répétition très aggravée
de l'idéal qu'il avait détesté et combattu chez les vieux académiciens de Paris.

Caylus assure que, malgré la triste vie qu'il menait à Londres
et les ennuis que lui causait son isolement, Watteau, assez bien
accueilli, « ne laissa pas de faire ses affaires du côté de l'utile ».
Gersaint tient le même langage; il ajoute que ses œuvres étaient
recherchées et bien payées. On n'a cependant pas de données

certaines sur les travaux que Watteau a pu exécuter en Angleterre. Horace Walpole est très bref sur ce point. On doit croire
toutefois que c'est pendant son séjour à Londres que Watteau
peignit pour le Dr Mead les deux tableaux qui ont figuré à la
vente du cabinet de l'illustre médecin. L'artiste avait apporté
son idéal avec lui et il resta fidèle à son caprice habituel dans
ces deux peintures, les *Comédiens italiens* et l'*Amour paisible*,
qui, l'une et l'autre, ont été gravées par Baron. Nous savons
combien ces œuvres furent payées à l'adjudication de 1754,
mais depuis lors elles ont voyagé; l'*Amour paisible* est chez
l'empereur d'Allemagne : quant aux *Comédiens italiens*, dont on
avait perdu la trace, nous les retrouverons dans la collection de
M. Groult.

Il existe à Buckingham-Palace quatre tableaux qui, d'après
Mollett, auraient été demandés à Watteau par George Ier, car
on croit à Londres que le Dr Mead avait parlé de l'artiste
français à son roi. Il est en effet de tradition que ces tableaux
ont été peints en Angleterre, mais aucun document ne confirme
cette croyance. Deux de ces peintures représentent des fêtes
champêtres; la troisième, empruntée à Molière, met en scène
M. de Pourceaugnac poursuivi par ses femmes et ses enfants;
la quatrième groupe Arlequin et Pierrot dans une composition
de dix figures[1]. Nous ajouterons qu'il n'est nullement certain
que ces quatre tableaux aient été peints en Angleterre : on
peut même douter que George Ier ait fait travailler Watteau.
Le roi croyait à Thornhill et aux faiseurs de grandes machines

---

[1] John W. Mollet. *Watteau*, 1883, p. 77.

emphatiques : il n'aurait pas compris Pourceaugnac, et Arlequin
n'aurait rien dit à son cœur.

D'après Mariette et Edmond de Goncourt, Watteau aurait
rencontré à Londres un certain Mercier, peintre en miniature, et
il aurait fait le portrait de ce confrère entouré de sa famille.
Mariette déclare que cette peinture était une « légère esquisse ».
Mercier l'a gravée dans une planche assez rare que notre cabinet d'estampes ne possède pas, mais dont il existe un exemplaire au British-Museum. Mercier, debout, a devant lui une de
ses fillettes à califourchon sur un bâton à tête de cheval : le
groupe de famille comprend encore un jeune garçon, et dans un
coin, une petite fille jouant avec une raquette. Au centre du
tableau, Mme Mercier est debout, tenant à la main la pipe de son
mari. La gravure est signée P. M.

Edmond de Goncourt fait de ce Mercier qu'il appelle Pierre
un miniaturiste. Naturellement, j'ai cherché dans Horace Walpole ce personnage un peu mystérieux. Je vois aux *Anecdotes of
painting* qu'il y avait à Londres au temps où Watteau y a vécu,
un Philippe Mercier, d'origine française, mais né à Berlin en
1689 et élève de Pesne. Ce n'était point un miniaturiste, mais
un peintre de portraits et de scènes de la vie familière qui travaillait dans un style agréable où se mêlait un peu de Watteau,
a little of Watteau, dit Walpole. Cette caractéristique est assez
curieuse et fait naître dans l'esprit la pensée que plusieurs des
Watteau que conserve l'Angleterre et qui sont parfois fort suspects pourraient être des Mercier. Ce dernier avait beaucoup
étudié Watteau : il a gravé d'après lui plusieurs estampes, d'ailleurs assez faibles, qu'il signe P. M. Et ici doit trouver place

une intéressante découverte d'Edmond de Goncourt. Il existe au Louvre dans la galerie Lacaze, un tableau, propre, méticuleux, timide, qu'on appelle l'*Escamoteur*. Ce tableau, qui n'a jamais ressemblé à un Watteau, lui est attribué, malgré les

COMÉDIENS ITALIENS, PAR WATTEAU.
(D'après la gravure de Baron.)

inquiétudes qu'il a toujours inspirées aux connaisseurs. Edmond de Goncourt, qui s'est longtemps associé à nos angoisses, a fini par résoudre le problème. Il propose de traiter cet *Escamoteur* comme un intrus et de lui enlever son auréole. « Aujourd'hui, dit-il, que je sais que l'aqua-fortiste de Watteau a peint à l'huile un certain nombre de compositions qui passent quelquefois en

Angleterre pour des Watteau ; aujourd’hui que j’ai pu tenir
entre mes mains la gravure de l’*Escamoteur* avec *Mercier pinxit*
au bas de l’estampe, je crois qu’on ne peut plus garder l’attri-
bution donnée à ce tableau par M. Lacaze. » C’est absolument notre avis, et nous admettons avec joie la rectification
demandée, car cet *Escamoteur* a, comme peinture, un défaut
qui, depuis longtemps, nous invitait à l’exclure de l’œuvre du
maître : il n’est pas spirituel le moins du monde, et c’est le
don de Watteau de mettre de l’esprit partout.

Mais si l’*Escamoteur* disparaît, il reste une page, assez exceptionnelle eu égard à l’idéal de Watteau, qui se rattache sûrement à son séjour en Angleterre. D’après les notes de Mariette,
il y avait à Londres sous le roi Georges, un pauvre diable venu
de France qui se faisait appeler le Dr Misaubin et qui, charlatan
fieffé, vendait des pilules, remède infaillible contre une maladie
alors fort à la mode et qu’on n’aime pas à avouer. Watteau
rencontra ce personnage peu recommandable et il l’immortalisa
dans un dessin moqueur qui a été gravé, en 1739, par Arthur
Pound. Le charlatan famélique est représenté dans un cimetière
semé d’ossements, de têtes de morts et de sarcophages.
Mariette nous apprend que Watteau « dessina cette charge dans
un café pendant son séjour à Londres ». Je ne l’ai jamais trou-
vée fort plaisante : Watteau a besoin de la grâce : il a pu, dans
une certaine mesure, arriver à l’expression comique ; mais il
n’est pas caricatural, et le macabre dépasse ses possibilités.

Malgré ces travaux et d’autres que nous ignorons, Watteau
s’ennuyait à Londres. Il se sentait loin de ses amis ; les dîners
de Gersaint lui manquaient et aussi les entretiens avec Antoine

de la Roque et Julienne. En outre, il s'apercevait tous les
jours que son mal empirait. Le climat de l'Angleterre augmen-
tait sa faiblesse et son constant malaise : « Les brouillards et
les fumées du charbon de terre qu'on y respire, dit Caylus, alté-
rèrent en lui une santé que, dans la vérité, un air plus pur ne
nous aurait jamais conservée longtemps. » Il revint à Paris :
nous avons le regret de ne pouvoir fixer exactement la date
de son retour ; mais ce retour est nécessairement antérieur au
21 août 1720, car, ce jour-là, Rosalba écrit dans son *Diario* le
mot que nous avons déjà cité « Vu M. Vateau et un Anglois. »

De ce voyage qui avait inquiété ses amis et qu'ils considéraient comme un regrettable caprice, Watteau rapportait-il
quelque chose? Sans doute il avait gagné un certain nombre
de guinées ; mais il revenait en France avec une santé de plus
en plus compromise, et, résultat plus fâcheux pour un artiste, il
n'avait rien appris, car les Anglais du temps du roi Georges
n'étaient pas en situation de faire faire au peintre de l'*Embarquement pour Cythère* un progrès dans la grâce ou dans la couleur.
De sa promenade à Londres, Watteau n'avait tiré aucun avan-
tage appréciable : c'est l'Angleterre qui a recueilli tout le bénéfice de cette visite. Watteau laissait à Londres un germe qui
devait grandir et qui, une fois éclos, exerça la plus salutaire
influence sur le débrouillement de l'école anglaise. Il a été pour
elle un bienfaiteur, car il lui a révélé l'esprit du travail pittoresque, la légèreté de l'outil, la belle allure victorieuse. On
devine à quel maître anglais nous faisons allusion. Gainsborough, né en 1757, n'a pas connu Watteau ; mais il a étudié ses
œuvres. Il est son élève posthume, un peu dans sa manière de

peindre les étoffes et de chiffonner la soie, plus encore dans les paysages qu'il donne pour fond à ses modèles. On n'a pas assez remarqué que, dans le *Blue Boy*, les feuillages roux et si librement traités sur lesquels s'enlèvent les bleus de l'habit du jeune garçon procèdent directement de Watteau. Les Anglais ont d'ailleurs — mieux que et beaucoup plus que nous — rendu justice au maître de Valenciennes. Reynolds, dans ses notes sur le poème de Dufresnoy, recommande d'étudier Watteau en raison de ses colorations fleuries, *for excellence in the florid style of colouring*. Pendant les deux derniers tiers du xviiie siècle, sous la Révolution, sous l'Empire, l'Angleterre achète des Watteau et enlève ainsi à la France des trésors qu'elle aurait dû conserver.

A son retour de Londres, Watteau retrouva ses amis, Gersaint, Caylus, Julienne et le fidèle Spoede. Un changement s'était fait dans la vie et dans la maison de ce dernier. Le 1er mai 1720, il avait perdu sa jeune femme Louise Lambert [1], et bien qu'il fût professeur à l'Académie de Saint-Luc, il gardait les attitudes tristes d'un homme mal consolé. Quant à Julienne, il avait épousé, le 9 mai, Marie-Louise de Brécy [2]. Par suite de ce mariage, une figure nouvelle apparaît dans le monde un peu restreint où se meut Watteau. L'entrée de Mme de Julienne dans l'histoire que nous racontons est un fait qui nous importe parce qu'il va nous permettre de dater une lettre qui nous a toujours paru significative. Il reste si peu de l'écriture de Watteau que ses rares autographes doivent être précieusement recueillis, alors surtout que, comme celui que nous réimprimons d'après

---

[1] Herluison. *Actes d'état civil d'artistes Français*, p. 416.
[2] Clément de Ris. *Les Amateurs d'autrefois*, p. 292.

les *Archives de l'Art français*, ils apportent un renseignement sur une des œuvres du maître. La lettre adressée par Watteau à Julienne est ainsi conçue :

De Paris, le 3 de septembre.

Monsieur ! Par le retour de Marin qui m'a apporté la venaison qu'il vous a pleu m'envoier dès le matin, je vous adresse la toile où j'ai peinte la teste du sanglier et la teste du renard noir, et vous pourrez les dépêcher vers M. de Losmesnil, car j'en ai fini pour le moment. Je ne puis m'en cacher, mais cette grande toile me resjouist et j'en attends quelque retour de satisfaction de vostre part et de celle de Mme de Julienne qui aime aussi infiniment ce sujet de la chasse, comme moi-mesme. Il a fallu que Gersaint m'ammenat le bon homme La Serre pour agrandir la toile du costé droit, où j'ai ajousté les chevaux dessous les arbres, car j'y éprouvais de la gesne depuys que j'y ay ajousté tout ce qui a esté décidé ainsi. Je pense reprendre ce costé-là des lundi à midi passé, parce que dès le matin je m'occupe des pensées à la sanguine. Je vous prie ne pas m'oublier anvers Mme de Julienne à qui je baise les mains.

A Monsieur de Julienne, de la part de Wateau par exprès.

Cette lettre est nécessairement du 3 septembre 1720, car Watteau n'a pu l'écrire avant le mariage de son ami, et bien qu'il y ait eu au xviiie siècle un 3 septembre chaque année, elle n'est pas postérieure à 1720, puisque, après cette date, le pauvre Watteau n'est plus de ce monde. La pièce est intéressante. C'est là qu'on voit que Watteau a l'habitude de consacrer ses matinées à ce qu'il appelle ses « pensées à la sanguine », matinées admirables auxquelles nous devons cette prodigieuse quantité de crayonnages, ces études vénérables et charmantes, où l'amoureux de la nature cherche un geste, une attitude, un costume qu'il introduira plus tard dans un tableau ou qu'il n'aura pas le

temps d'utiliser. La lettre du 3 septembre montre encore que
Watteau a reçu du gibier et qu'en bon flamand qu'il est, il s'est
empressé de le peindre. Il faudrait retrouver cette étude d'après
nature que Julienne est prié d'envoyer à M. de Losmesnil.
L'autographe nous apprend aussi que Watteau est occupé à une
vaste composition, un sujet de chasse, et qu'il a fait agrandir la
toile pour y ajouter des chevaux sous les arbres. Ce tableau
nous est connu : c'est le *Rendez-vous de chasse* (4 pieds de haut
sur 6 de large) gravé par Aubert. Il a appartenu au cardinal
Fesch ; nous l'avons vu reparaître à la vente du duc de Morny
en 1865 ; acheté par lord Hertfort, il est aujourd'hui chez les
héritiers de sir Richard Wallace. Deux jeunes couples, amoureux
et amoureuses, sont déjà arrivés au rendez-vous et sont assis
sur l'herbe dans une clairière ; vers la gauche, où sont des
chevaux attachés sous des arbres, survient une chasseresse
montée sur une jument grise : un gentleman l'aide à descendre
de cheval ; de l'autre côté et au fond, des chasseurs, des valets et
des promeneurs. Un de nos amis qui a revu récemment ce
tableau assure que l'exécution est un peu lourde ; nos souvenirs,
déjà lointains, ne confirment pas cette appréciation. Bien que la
peinture ne soit pas dans un état parfait, le *Rendez-vous de chasse*
nous a intéressé autrefois comme un Watteau enjoué, plein d'air
et de lumière et de grande allure. L'œuvre sera désormais datée ;
elle montre ce qu'était devenu le talent du maître en 1720 au
lendemain du voyage en Angleterre.

Indépendamment de Julienne, marié mais toujours passionné pour la peinture, Watteau, revenant de Londres, retrouvait
à Paris le fidèle Gersaint et il allait demeurer chez lui. C'est

même pour son ami qu'il travaille tout d'abord. Le peintre, dit Gersaint, voulait « se dégourdir les doigts ». Il peignit pour décorer la boutique du marchand le fameux tableau que Pierre Aveline a gravé sous le titre l'*Enseigne* et que Gersaint, qui sans doute manquait de place, disposa comme un plafond dans son magasin où tous les curieux le venaient voir. Cette peinture ne resta pas longtemps dans la boutique du pont Notre-Dame. Vendue au conseiller Gluck, elle passa ensuite entre les mains de Julienne et elle lui appartenait encore lorsque Aveline fit son estampe. Mais il ne la conserva pas et l'*Enseigne* ne figure point dans la vente de 1767. On ne sait pourquoi et à quelle époque le tableau fut coupé en deux. En 1769, l'abbé Guillaume en possédait un débris. Mais le roi de Prusse, qui avait à Paris des émissaires intelligents et qui recherchait surtout les œuvres françaises, parvint à acheter successivement les deux fragments du tableau si sottement divisé. L'*Enseigne*, toujours séparée en deux tableaux, est aujourd'hui à Berlin dans le salon rouge du vieux palais.

Ainsi qu'on le sait par l'estampe d'Aveline et par la copie réduite de Pater qui a reparu en 1889 à la vente Secrétan, l'*Enseigne* représente la galerie ou plutôt la boutique d'un marchand de tableaux. Comme le dit la lettre de la gravure,

> Watteau, dans cette enseigne, à la fleur de ses ans,
> Des maistres de son art imite la manière.

Et ici, il cède, ainsi qu'il l'a fait tant de fois, aux souvenirs de ses origines flamandes. En effet, sans être le moins du monde une imitation, l'œuvre de Watteau a un lien de parenté avec l'idéal dont se préoccupait David Teniers. Conservateur de la galerie de l'archiduc Léopold-Guillaume d'Autriche, Teniers s'est souvent amusé à faire le portrait de la collection confiée à sa garde. Il nous introduit dans un cabinet dont les murailles sont décorées de tableaux anciens et il se plaît à les pasticher avec une prestesse de pinceau et un esprit qui disent si bien le style et même l'exécution des œuvres originales qu'on peut les reconnaître et les nommer. Comme lui, Watteau a tapissé les parois de la boutique de son marchand au moyen de tableaux, imitations ingénieuses des peintures qui étaient peut-être chez Gersaint ou qu'il avait dessinées quand il vivait à l'hôtel de Crozat. L'ensemble est infiniment spirituel. Gersaint nous dit que, dans l'*Enseigne,* tout fut peint d'après nature et en huit jours. Ce dernier détail donne une heureuse idée de l'habileté de Watteau et de la certitude de sa technique, car, dans l'*Enseigne,* rien ne sent la négligence. Si le décor est parfait, les acteurs ne sont pas moins excellents. C'est une scène prise sur le vif et notée par un pinceau qui ne se trompe pas. On y voit des ouvriers en costume de travail occupés à emballer des tableaux dans une caisse, des curieux qui visitent la boutique, en un mot toute l'agitation d'un petit monde affairé et vivant. Je croirais volontiers comme Gersaint que toutes ces figures ont été étudiées d'après nature avec ce souci du geste vrai et de l'attitude exacte qui est une des caractéristiques du génie de Watteau. Notre ami Clément de Ris a possédé sur une même feuille le dessin de l'homme penché sur la caisse d'emballage et celui du commissionnaire qui tient un tableau entre ses bras.

Par le *Rendez-vous de chasse* de la collection de sir Richard

PERSONNAGE DE LA SUITE DE MEHEMET-EFFENDI, PAR WATTEAU

(D'après une gravure de Boucher)

Wallace, par l'*Enseigne* qui manque au Louvre, on voit qu'à la
fin de 1720, le talent de Watteau ne révèle aucune décadence.
Sans doute le corps de l'artiste était malade, mais l'esprit demeurait alerte et vif, la main était plus que jamais vaillante. Le peintre
avait repris sa vie de labeur ; il éprouvait cependant des instants
de malaise et des paresses momentanées. On doit croire qu'il
n'était pas très bien portant le 9 novembre 1720, car il serait
allé au Louvre le jour où son amie Rosalba prit séance à l'Académie royale.

Au commencement de 1721, Watteau était à Paris. Nous le
savons par Rosalba elle-même, qui écrit, à la date du 9 février :
« Dans la matinée je rendis visite à M. Watteau. » Sur les idées
qu'ils échangèrent, lors de cette rencontre, pas un mot dans le
Diario. Mais il est vraisemblable qu'on prit rendez-vous pour
le surlendemain, car Rosalba était depuis longtemps sollicitée
de faire le portrait du maître. L'ami qui le demandait, c'était
Pierre Crozat. Elle commença son pastel le 11 février, et
comme elle travaillait vite, elle dut le terminer bientôt. D'ailleurs, Watteau était aussi pressé qu'elle, car, toujours dévoré de
la fièvre du travail, il n'avait qu'un médiocre plaisir à poser
devant un peintre. Ce pastel fut un des derniers portraits que
Rosalba peignit à Paris : au mois de mars, elle retournait à
Venise.

Pendant que la Vénitienne faisait le portrait de Watteau, le
fidèle Crozat s'occupait de chercher du travail pour celui qui
avait été son commensal et qui était resté son ami. On trouve
dans le *Mercure* de février 1721 une note qui n'a pas été suffisamment remarquée et qui rattache le nom de Watteau à une

publication des plus intéressantes. Cette note est ainsi conçue :
« MM. Watot, Natier et un autre sont chargés de dessiner pour
M. Crozat le jeune les tableaux du Roi et du Régent. » Ces
dessins, c'étaient les éléments d'un gros livre. Le projet ne
devait aboutir que beaucoup plus tard et le pauvre Watteau n'en
vit pas l'éclosion. Au mois de mai 1728 parut le prospectus du
recueil rêvé par Crozat, et les premières planches de l'ouvrage
ne virent le jour qu'en 1729. Watteau était mort depuis longtemps.

C'est aussi pendant le printemps de 1721 que l'artiste, malade,
mais laborieux encore, eut l'occasion d'exercer son talent, sinon
comme peintre, du moins comme dessinateur. Le sultan avait
envoyé au roi de France une ambassade qui mettait en éveil la
badauderie parisienne. Le chef de la mission, Mehemet Effendi,
était un personnage de conséquence, et il fut reçu avec les plus
grands égards. Ainsi que le rappelle Buvat, il quitta, le 16 mars,
son logis du faubourg Saint-Antoine pour aller s'installer à
l'hôtel de la rue de Tournon[1]. Le 21, il fut admis à l'audience
du roi. C'est la cérémonie que Charles Parrocel a consacrée plus
tard dans son tableau du musée de Versailles. Mehemet Effendi
était accompagné de son fils et d'une suite de quatre-vingts
Turcs parfaitement authentiques. L'ambassadeur et son personnel restèrent cinq mois à Paris et ils furent la curiosité de
la saison. Le *Mercure* d'avril annonce que le peintre Justinar a
reçu l'autorisation de faire le portrait de Mehemet Effendi ; le
7 juin, le fils de l'ambassadeur se rendit chez Charles Coypel.

---

[1] Jean Buvat. *Journal de la Régence*, 1865, II, p. 220.

Mehemet visita les Invalides, la Bibliothèque et se montra
à l'Opéra. Watteau a-t-il vu ces Turcs? Peut-être. Je crois du
moins trouver dans son œuvre certaines turqueries qui semblent le prouver. Dans le recueil publié par Julienne, *Figures
de différents caractères*, on voit divers personnages à turban qui
ont évidemment été dessinés d'après le vif et qui ont dû
appartenir à l'ambassade ottomane. L'artiste, qui avait jadis
peint à la Muette des Chinois et des Tartares suspects, a pu
ainsi, dans le cas où notre conjecture serait admise, étudier
sur la nature vivante le caractère du type turc. Et ici Watteau
est bien dans son rôle, car il a toujours aimé la vérité.

Le récit des derniers mois de la vie du maître doit être
demandé au comte de Caylus et à Gersaint. Au printemps de
1721, Watteau travaillait encore. Il était malade cependant et
faisait parfois appeler le médecin Mariotti, que nous avons
vainement cherché dans les dictionnaires. Il lisait beaucoup et
son ami Julienne lui prêtait des livres et même des manuscrits.
Les *Archives* ont publié une lettre du 3 mai qui, par les raisons
que nous avons dites à propos de celle du 3 septembre 1720,
doit être de 1721. Nous reproduisons le texte de cette lettre,
une des dernières que Watteau ait écrites.

A Monsieur de Julienne, de la part de Watteau par exprès.

De Paris, le 3 de mai.

Monsieur! Je vous fais le retour du grand tome premier de l'Écrit de
Leonardo de Vincy et en mesmes temps je vous en fais agréer mes sincères
remerciements. Quant aux Lettres en manuscrit de P. Rubens, je les gar-

derai encore devers moi si cela ne vous est pas trop désagréable en ce que
je ne les ai pas encore achevées ! Cette douleur au côté gauche de la tête
ne m'a pas laissé sommeiller depuis mardi, et Mariotti veut me faire prendre
une purge dès demain au jour ; il dit que la grande chaleur qu'il fait l'ai-
dera à souhait. Vous me rendrez satisfait au-delà de mon souhait, si vous
venez me rendre visite d'ici à dimanche ; je vous montrerai quelques baga-
telles comme les païsages de Nogent, que vous estimez assez par cette raison
que j'en fis les pensées en présence de Mme de Julienne, à qui je baise les
mains très respectueusement.

Je ne fais pas ce que je veux en ce que la pierre grise et la pierre de sanguine sont fort dures en ce moment ; je n'en puis avoir d'autre.

On voit apparaître ici les paysages de Nogent. Ce coin des
environs de Paris, Watteau le connaissait bien ; il y était allé
plusieurs fois, car il y avait un ami, M. Le Fèvre, intendant des
Menus [1]. Pendant les chaleurs de l'été précoce de 1721, il eut
dans son modeste logis parisien le désir de respirer librement.
« Il imagina, dit Caylus, que l'air de la campagne lui ferait du
bien. » L'abbé Haranger, chanoine de Saint-Germain l'Auxerrois, lui fit prêter par M. Le Fèvre sa maison de Nogent, auprès
de Vincennes. Il s'y installa, languissant, mais courageux
encore. Il travailla : il recevait souvent la visite et les consola-
tions du curé de Nogent, et il peignit pour lui un *Christ en croix*.
Caylus a vu ce tableau qui a reparu en 1779 à la vente
Marchand, et dont la trace est depuis lors perdue. « Si ce
morceau, écrit-il, n'a pas la noblesse et l'élégance qu'un tel
sujet exige, il a du moins l'expression de douleur et de souffrance
qu'éprouvait le malade qui le peignait. » L'aveu est à retenir,

---

[1] Philippe Lefèvre ou Lefebvre, qui porta plus tard le titre d'intendant général de la
chambre du roi, s'intéressait aux choses d'art. En 1727, il fut reçu à l'Académie de peinture comme membre honoraire amateur. Il est mort en 1750.

venant d'un critique qui regardait Watteau comme inexpressif.
N'est-ce pas Caylus, en effet, qui a écrit : « A l'égard de son
expression, je n'en puis rien dire, car il ne s'est jamais exposé à
rendre aucune passion. »

Aux derniers jours de sa vie et sous l'influence sans doute
des entretiens qu'il avait avec le curé de Nogent, Watteau, qui
s'était toujours montré bon catholique et qui prenait volontiers
la précaution d'entendre la messe à Saint-Germain l'Auxerrois
quand il allait dîner chez Gersaint, fut troublé d'une inquiétude
pareille à celle qui avait tourmenté Botticelli : il craignit d'avoir
dans ses libres crayonnages, insisté un peu plus qu'il ne convient sur la note amoureuse : il fit rechercher par un ami les
pages qu'il ne jugeait pas assez innocentes, et, dans un accès
de pieux vandalisme, il les brûla.

Watteau, voyant fuir les jours de plus en plus rapides, eut
un autre regret, un autre remords. Il lui sembla qu'il avait
quelque chose à se reprocher vis-à-vis de son compatriote Pater,
qui avait été un instant son élève. Ici on peut s'en rapporter à
Gersaint qui, comme il l'a dit lui-même, allait tous les deux
ou trois jours à Nogent pour voir Watteau et le consoler. « Il
se reprocha de n'avoir pas rendu assez de justice aux disposi-
tions naturelles qu'il avoit reconnues dans Pater... Il me pria
de le faire venir à Nogent pour réparer en quelque sorte le tort
qu'il lui avoit fait en le négligeant et pour qu'il pût du moins
profiter des instructions qu'il étoit encore en état de lui donner.
Watteau le fit travailler devant lui et lui abandonna les derniers
jours de sa vie; mais Pater ne put profiter que pendant un mois
de cette occasion si favorable. »

Au mois de juin, et tout en donnant à son élève ses suprêmes instructions, Watteau faisait toujours des projets : il aurait voulu revoir une fois encore Valenciennes et les derniers représentants de sa famille. La force lui manqua pour entreprendre ce voyage. En même temps, il mit ordre à ses affaires. Il fit sans doute un testament, s'il est vrai qu'il légua quelques dessins à Crozat « en reconnaissance de tous les bons offices qu'il en avoit reçus », car Watteau était de ceux qui se souviennent. Il partagea ses autres dessins, trésor inestimable, entre quatre amis, Julienne, l'abbé Haranger, Hénin et Gersaint. Ce dernier, fidèle jusqu'au dénouement, le vit mourir entre ses bras le 18 juillet 1721.

Sur le caractère de la maladie qui emportait Watteau, nul doute n'est possible. En nous disant que l'air de Londres est fort dangereux pour les poitrinaires, en ajoutant que son ami était atteint du mal que les Anglais appellent *consomption*, Gersaint est suffisamment significatif. L'auteur des stances insérées par Julienne en tête de son recueil est plus précis encore :

> « Son esprit plein de feu, dès sa tendre jeunesse,
> A de longues douleurs assujettit son corps ;
> Une noire phtisie en usa les ressorts
> Et mesla ses jours de tristesse. »

Le 11 août, Pierre Crozat écrivait à Rosalba, alors à Venise : « Nous avons perdu le pauvre M. Watteau. Il a fini ses jours le pinceau à la main... » Le *Mercure*, dirigé par Antoine de la Roque, consacra à l'infatigable travailleur une notice touchante. L'Académie fut informée de l'événement dans la séance du

26 juillet et le secrétaire se borna à inscrire au procès-verbal :
« La mort de M. Antoine Watteau, peintre, académicien, a été annoncée. »

Ne semble-t-il pas que le grand Watteau aurait mérité un peu plus d'écritures?

V

LE ROLE DE WATTEAU

Il faudrait dire pourquoi nous l'aimons, l'artiste au changeant caprice dont nous avons essayé de raconter la vie. Ici les
idées abondent sous la plume, et la difficulté consiste à mettre
en bon ordre les motifs nombreux qui nous poussent à accorder à Watteau une importance exceptionnelle et qui, nous
l'espérons, garderont à notre ami la place qu'il a conquise, non
seulement en France, mais en Europe/Pour aimer le peintre
qui a si bien dit comment on vogue vers la Cythère idéale, nous
avons d'abord des raisons d'historien. Une secrète tendresse
du cœur, qui n'est en réalité qu'un besoin de justice, nous
attache inévitablement à ceux qui, en des temps divers, ont été
les ouvriers de la délivrance. Or, Watteau, que son biographe
Caylus nous représente comme un rêveur doux, inoffensif et
même « un peu berger », a été dans la vérité des choses, un
révolutionnaire très imprévu et très hardi. Quand on revient
de Versailles et qu'on a examiné les œuvres des successeurs

immédiats de Lebrun, on reste convaincu que l'École française devait en avoir assez de ce que Sainte-Beuve appellerait volontiers la lourde cavalerie des Pégases. En outre, les dernières années de la vieillesse de Louis XIV avaient été infiniment tristes et légitimaient l'intervention de la révolte dont l'instrument suprême est le sourire. Un immense ennui pesait sur la France. Le temps était venu de liquider définitivement le xviie siècle et de mettre fin aux solennités de l'idéal attardé dans la rhétorique et dans les pesanteurs officielles. A la fin du long règne de Louis XIV, l'Académie, exacte représentation des forces de l'École, croyait encore à l'art du passé et se perdait dans les redites. C'est l'âge des colorations rousses et aussi du style à panache, mauvaise suite des Bolonais, toujours adorés, toujours dangereux, c'est l'âge des pauvres pasticheurs de la décadence. Si cette mode avait persisté, le déraillement eût été complet et irrémédiable : il fallait arrêter la peinture française sur le glissant chemin de l'abîme. Watteau arriva, et il fut le sauveur attendu.

Il ne connut pas tout d'abord le maniement de l'outil par lequel il devait vaincre, il ignora longtemps la puissance de la couleur et de la lumière, il hésita même à se servir de l'esprit qui tranche tous les nœuds gordiens. Au point de vue du coloris, dont il devait si bien exalter la fleur, ses premiers tableaux sont, comme on pouvait le prévoir, les manifestations embrouillées d'un contemporain de Charles de la Fosse. La jeunesse commence toujours par parler le langage de son temps. Watteau eut quelque peine à se débarrasser des tons bruns : il y en a beaucoup, avec un peu de confusion, dans les deux petits

LE LORGNEUR, PAR WATTEAU.
(D'après la gravure de Scotin.)

tableaux que nous avons retrouvés au Musée de l'Ermitage. Ce sont, comme on sait, des scènes de la vie militaire; mais ici un sentiment nouveau apparaît. Si les colorations restent brûlées à la mode de 1710, les soldats que Watteau nous montre en marche ou au repos dans un camp ne sont pas des guerriers romains de l'École de Versailles; ce sont les fantassins de l'armée française telle qu'elle était à Malplaquet, telle qu'elle allait être à Denain. Ces petits soldats ne sortent point des galeries italiennes, ils sont pris à la nature vivante, ils ont été vus et dessinés d'après le vif, et ils ont le mouvement assoupli, l'allure libre que peuvent seuls connaître les artistes armés d'un crayon loyal. Dès le début, Watteau est en retard pour la couleur, mais pour l'invention, il parle déjà le langage de la vérité.

Il l'aima toute sa vie. Dans les livres qu'on lisait au temps de notre jeunesse, dans les opinions anciennes dont l'écho se fait çà et là entendre encore, Watteau est représenté comme un pur fantaisiste qui aurait créé un monde artificiel et vécu dans la chimère. Rien n'est moins exact que cette appréciation. Pour moi, je ne pardonnerai jamais à Caylus d'avoir écrit : « Au fond, il étoit infiniment maniéré. » Voilà ce qu'on osait dire en pleine Académie en 1748, en présence de Charles Coypel et de beaucoup d'autres qui étaient, je suppose, des maniéristes suffisamment authentiques et qui ne bronchèrent pas. Ce mot de Caylus fait croire, de sa part, à un accès d'égarement intellectuel. Je professe sur Watteau une opinion absolument contraire; je vois en lui le peintre de l'attitude exacte et du geste vrai, et j'ose dire que c'est surtout en se servant de la vérité qu'il a pu parvenir à ruiner l'ancien idéal et à accomplir sa révolution.

Watteau réaliste pourrait être le sujet d'une étude qui n'a jamais été faite. Dès son enfance, il dessine d'après nature et s'intéresse aux plus humbles spectacles. Gersaint est curieux à entendre sur ce point : Alors qu'il était encore à Valenciennes, dit-il, « il profitoit de tous ses instants de liberté pour aller dessiner sur la place les différentes scènes comiques que donnent ordinairement au public les marchands d'orviétan et les charlatans qui courent le pays ». — Ce monde des petits et des pauvres, ces bohèmes de la vie en plein air ont toujours passionné Watteau. Il y est revenu bien des fois. De nombreux crayonnages, la plupart à la sanguine, le montrent observateur assidu des types populaires. Pour ne pas multiplier les exemples, je me bornerai à citer le *Rémouleur*, dessin qui a successivement appartenu à Julienne et à Mariette, et qui est aujourd'hui dans les portefeuilles du Louvre. L'allure générale, le vêtement usé, le mouvement des mains attentives à la besogne, la construction rudimentaire de la machine à repasser, tout parle d'une étude faite d'après nature.

Un autre type, rencontré dans les rues ou à la campagne, a aussi préoccupé Watteau qui l'a reproduit plusieurs fois. C'est le Savoyard, promenant dans sa boîte la marmotte de la montagne natale. C'est d'ordinaire un jeune garçon dépenaillé qui n'est pas assez fier pour refuser une aumône. Nous l'avons en dessin dans les *Figures de différents caractères*, nous l'avons aussi en peinture dans un tableau du Musée de l'Ermitage, qui a appartenu au décorateur Audran, concierge du Luxembourg et l'un des maîtres de Watteau. Ce n'est pas une invention frivole et souriante. Un jeune Savoyard, la tête nue, le corps pauvre-

LE RÉMOULEUR, DESSIN DE WATTEAU
Fac-similé d'une gravure de Caylus.

ment vêtu d’une mauvaise houppelande brune, est debout à
l’entrée d’un village. Il porte une marmotte sur sa boîte et tient
à la main un flageolet démesuré ; à droite, le clocher pointu
d’une église ; à gauche, une rangée de maisons qu’on aperçoit
entre les branches de quelques arbres effeuillés par l’hiver. C’est
un Watteau extrêmement coloré ; le ciel très bleu fait penser
à Huysmans de Malines. Quant au montreur de marmotte, il
est pris tout entier à la réalité la plus humble. Aucun embellis-
sement, aucune concession à l’art de plaire.

Le chef-d’œuvre de Watteau comme peintre de la vie réelle,
c’est l’*Enseigne* du magasin de Gersaint. Nous en avons déjà
parlé : nous ne répéterons pas ce que nous avons dit, mais nous
rappellerons qu’il y a là, dans les attitudes des ouvriers qui
emballent des tableaux, dans celles des personnages qui mar-
chandent quelques menues curiosités, le mouvement et l’anima-
tion d’un spectacle observé sur la nature vivante. La fantaisie, à
laquelle on accuse Watteau d’avoir si souvent sacrifié, n’est
véritablement pour rien dans cette scène du monde réel. Le
maître ne se montre pas moins réaliste, au sens honorable du
mot, dans certaines compositions empruntées à la vie familière,
comme l’*Occupation selon l’âge* que nous ne connaissons, hélas !
que par la gravure de Dupuis, le tableau ayant paru pour la
dernière fois à la vente Blondel de Gagny en 1776, sans qu’il
soit possible d’en retrouver la trace, à moins qu’on ne veuille,
comme l’a proposé John Mollett, le reconnaître dans une peinture de la collection de M. Andrew James [1]. C’est une scène

---

[1] *L’occupation selon l’âge*, tableau de petite dimension (35 cent. sur 40), a reparu dans une
vente faite à Londres le 20 juin 1891. Il a été adjugé à lord Seymour.

intime et charmante. Assise à l'aventure sur un fauteuil qui
pourrait servir à la reconstitution d'un mobilier bourgeois à la
mode de 1720, une jeune fille refait un point à une jupe dont
l'ampleur se répand sur le bras du fauteuil et le recouvre en
partie ; à côté d'elle, une vieille, qui a gardé la coiffe des
paysannes de sa province, tient la quenouille et file silencieusement. Près des deux femmes, deux fillettes, espiègles comme
Watteau sait les faire : l'une s'appuie sur un tabouret presque
aussi grand qu'elle ; l'autre, vue de dos, tient maternellement
entre ses bras un petit chat dont un épagneul se montre fort
jaloux. Une cage est suspendue au plafond, et sur la table
recouverte d'un tapis on voit quelques pièces d'une humble
vaisselle, que domine une bouteille à gros ventre au goulot de
laquelle fleurit un bouquet, car, même sous la Régence, le petit
monde laborieux où Watteau nous introduit avait déjà le goût
des fleurs. Par le choix des accessoires, la simplicité des figures,
le silence du décor familier, Watteau va ici au-devant de Char-
din.

Peut-être faudrait-il placer, à côté de l'*Occupation selon l'âge*,
le *Chat malade*, si spirituellement gravé par J.-E. Liotard. Mais,
dans cette scène, un autre sentiment d'art se fait jour : l'in-
tention comique est évidente, et Watteau s'amuse de ce qu'il
raconte. Une jeune fille, aux yeux agrandis, à la mine affolée
par une tendre inquiétude, tient dans ses bras un chat qui est
plus rageur que malade et auquel un médecin, docteur échappé
de la Comédie, tâte sérieusement le pouls. L'œuvre est perdue
et nous ne nous en consolons pas. L'éclairage des figures et
surtout le reflet qui baigne le visage de la jeune fille donnent

l'idée d'un groupe illuminé par une lumière artificielle. On serait tenté de croire que, dans un état de la peinture, la main inoccupée du médecin a dû tenir une chandelle qui expliquerait la qualité des ombres et l'éclat mobile du rayon courant sur les chairs. Watteau a beaucoup aimé ces effets de lumière à la Schalcken : nous en avons déjà trouvé un exemple dans le *Petit flûteur* du cabinet de M. Groult.

Mais c'est surtout la lumière du jour que Watteau a aimée et comprise. Ce goût pour les atmosphères transparentes et pour les éclairages délicats lui vient de ses origines et de son culte pour le maître adoré, Rubens. Sur ce point comme sur tant d'autres, il apportait une séduction nouvelle, car les finesses de la lumière ne préoccupaient pas beaucoup les maîtres de la vieillesse de Louis XIV. Watteau fit réfléchir ses contemporains en mêlant la question du rayon à la question du modelé, et, en proposant cette association des deux éléments, il raisonna comme avait fait Corrège. Que l'on se donne la peine de comparer les carnations de Santerre à celles de Watteau, on verra quel progrès le maître de Valenciennes introduisait dans la peinture et lequel des deux peintres devait comprendre et diviniser les amoureuses.

Il y a un mot significatif, un mot du temps, dans la touchante notice insérée par Antoine de la Roque, au *Mercure* d'août 1721, après la mort de Watteau. Le maître y est vanté pour bien des raisons, et entre autres parce que « la carnation de ses figures est animée et *douillette* ». Cela veut dire que ses chairs ont de la morbidesse, et ce mot, personne n'aurait songé à l'écrire à propos des carnations, en bois, en cuir ou en pierre

dont les peintres de l'école officielle se déclaraient alors satis-
faits.

Ce résultat, nouveau pour la France, était obtenu par
Watteau à l'aide d'un faire gras, *pastoso*, qu'il a souvent pratiqué
avec une superbe sûreté de technique, et aussi grâce à la délicatesse des demi-teintes et aux transparences du clair-obscur
qu'il a fait jouer sur les visages de ses enfants et de ses femmes.
Les exemples sont nombreux de ces victoires du pinceau que les
maladroits ignoreront toujours. Il me suffira de citer les têtes
des petites filles dans la *Leçon de musique* de sir Richard Wallace,
si bien gravée par M. Lalauze. Ces figures espiègles vivent et
sourient sous la caresse d'un reflet qui est « le fin du fin ».
Nous avons les mêmes merveilles dans les beaux dessins du
Louvre provenant de la vente d'Imécourt, les admirables san-
guines où se groupent des bustes de femmes. Par ce jeu mobile
du rayon sur les chairs, Watteau est le prince des délicats et il
s'apparente aux magiciens les plus subtils.

Ainsi outillé au double point de vue de la lumière et du
modelé, Watteau devait s'intéresser à la forme nue. Il n'y
manqua pas, et c'est ce goût qui l'entraîna vers la mythologie,
car la mythologie a un grand mérite aux yeux des vrais peintres :
elle est déshabillée. L'insuffisance de son dessin, sous le rapport
de la beauté pure et des lignes choisies, aurait dû, semble-t-il,
empêcher Watteau de se compromettre dans la compagnie des
déesses et des nymphes sans ceinture : il l'a fait cependant.
Nous avons déjà parlé de l'*Antiope* de la galerie Lacaze : les
formes de la dormeuse sont loin d'être belles, mais on y sent la
palpitation et la moiteur de la vie. Le tableau longtemps perdu

LE CHAT MALADE, PAR WATTEAU.

(Fac-similé de la gravure de J.-É. Liotard.)

et récemment retrouvé que P. Aveline a gravé sous le titre :
Diane au bain est une peinture superbe. C'est une femme nue,
de style quelconque et de petite noblesse ; peut-être est-ce
cette servante que Watteau a eu un instant à son service et
que d'Argenville déclare avoir été belle.

Dans le tableau du maître, la divinité de la baigneuse ne se
révèle guère que par le carquois ridicule — un vrai carquois de
théâtre — qu'elle a déposé auprès d'elle sur le gazon. Assise au
bord d'un petit lac où son pied droit est encore plongé, elle
essuie son pied gauche dans une attitude qui la penche en avant
et qui détermine la courbure bien portante d'un dos de provenance flamande. Encore une fois, la sévérité de la forme idéale
ne doit être cherchée, ni dans la *Diane au bain*, ni dans les
autres femmes nues de Watteau ; mais l'artiste croyait, comme
son maître Rubens, que la lumière fait tout passer et l'estampe
d'Aveline suffit à elle seule pour prouver que cette *Diane*, de
style contestable, est une très belle étude de carnations lumi-
neuses.

Si l'on voulait se rendre compte des procédés qu'employait
Watteau pour obtenir la fermeté des chairs et la souplesse de
l'épiderme, il faudrait avoir le courage, véritablement criminel,
de soumettre une de ses peintures à un nettoyage énergique, de
façon à pouvoir en étudier les dessous. Une pareille curiosité
est condamnable et nous espérons que l'expérience ne sera pas
tentée : elle a été faite, cependant, à une époque déjà ancienne
où des restaurateurs ignorants croyaient avoir le droit de frotter
à outrance les tableaux que leur confiaient des amateurs can-
dides. Il y a au Louvre, dans la collection Lacaze, un Watteau

qui a subi la redoutable aventure. C'est le tableau que le catalogue intitule le *Faux pas* et que, pour parler le langage du xviii⁰ siècle, on pourrait appeler l'*Heureuse chute*. Une jeune femme tombe sur le gazon et elle est soutenue par un amoureux qui, habile à utiliser l'accident, passe son bras autour de sa taille. Ce n'est nullement une esquisse, comme le dit le catalogue : c'est une peinture qui a été parfaite, et qui ne l'est plus parce qu'un restaurateur barbare en a enlevé la couche superficielle. Grâce à ce crime, on voit les dessous, et le tableau compromis devient une leçon. Aux vêtements de la femme tombée, au manteau qui a glissé à terre et surtout aux mains des personnages, on aperçoit des rouges excessifs. Ainsi que Burger l'a remarqué, ces tons éclatants étaient, avant le nettoyage, recouverts de glacis qui en atténuaient la franchise. Cet exemple suffira à démontrer qu'à la façon de Rubens, Watteau a peint souvent les chairs au moyen de dessous empâtés et d'un ton robuste; Il laissait sécher cette première couche et il la recouvrait plus tard de matières transparentes qui, sous leur glace légère, laissaient percer l'éclat des colorations emprisonnées. C'étaient là des ruses légitimes, des tours de main que tout le monde avait oubliés en France aux derniers jours de la vieillesse de Louis XIV./

Watteau savait donc les bonnes méthodes pour peindre les chairs; mais ces chairs aux morbidesses attendries, aux fossettes persuasives, il ne les mettait pas toujours sur une construction d'un beau style et rien n'est moins toscan que son dessin. C'est pour cela qu'il a peint si rarement des figures nues et que le nombre de ses mythologies est resté si restreint.

Malgré l'exemple que lui donnaient ses contemporains et Gillot lui-même, il a été également très sobre de peintures religieuses. Il en avait fait dans sa jeunesse, au temps de misère, lorsque son indigne patron lui donnait trois livres par semaine. Le fameux *Saint Nicolas*, qu'il a reproduit à satiété, et qui a été une des tristesses de son printemps, est absolument disparu : cette sainteté de commande ne devait pas d'ailleurs être une œuvre très forte, car elle n'était pas de l'invention de Watteau qui ne travaillait alors que comme copiste : le *Saint Nicolas* est, du reste, antérieur au débrouillement chez Gillot et chez Audran. Tout autre était le *Christ en croix* peint pour le curé de Nogent et dont nous avons parlé d'après Caylus. C'était une peinture de 1721, faite deux ou trois mois avant la mort du maître. Il se peut, comme l'a dit le biographe, que ce morceau manquât de noblesse, mais il devait du moins montrer des qualités pittoresques et une curieuse recherche dans l'éclairage. Il faudrait retrouver ce tableau. Il faudrait voir aussi la *Sainte Famille*, gravée par Jeanne Renard du Bos. Cette peinture n'est pas perdue, mais elle est bien loin de chez nous, chez le tsar, au palais de Gatchina. Dans le motif qui attendrissait Ghirlandajo et les convaincus du xve siècle, Watteau n'a vu qu'un prétexte à peinture, une occasion de virtuosité. La scène a pour décor un paysage de rochers où verdoient quelques plantes sauvages. Des anges dont on ne voit que les têtes, des anges cravatés d'ailes, comme dirait Gautier, voltigent dans le ciel; ils sont faits de chic et paraissent assez maladroits. Le saint Joseph au crâne dénudé, à la barbe fleurie, est le type du modèle d'école, et Watteau l'avait sans doute rencontré à l'Académie; la Vierge

très jeune, est assez coquettement coiffée et servira plus tard à
Boucher; mais l'enfant nu, qui joue avec un pigeon, doit être
un intéressant morceau de peinture, dans la vérité de ses formes
un peu flamandes et grassouillettes. Rien que dans la traduction
de la gravure, on reconnaît le modelé douillet de Watteau. Si,
au lieu de vendre la *Sainte Famille*, Julienne avait eu la bonne
inspiration de la donner à Louis XV, nous l'aurions sans doute
encore.

Watteau a-t-il traité des sujets historiques? Certes, il était
touché des spectacles de son temps, et il a bien compris ce qu'il
a vu. Il a fourni de précieux documents aux annalistes, lorsque,
historien involontaire, il a peint et dessiné des soldats. Il était
à Valenciennes au lendemain de Malplaquet, et les fantassins
qu'il représente en marche ou au repos sont bien ceux des
armées de Louis XIV pendant les années tristes de son règne
finissant. Mais l'anecdote a sa place dans ces scènes militaires,
et, bien qu'elles soient infiniment précieuses, ce n'est pas là, au
sens étroit du mot, ce qu'on est accoutumé d'appeler la peinture historique. Watteau ne semble avoir songé qu'une seule
fois à l'histoire. Nous faisons allusion au tableau qui était chez
Julienne et qui ne nous est plus connu que par une estampe de
Nicolas de Larmessin, *Louis XIV remettant le cordon bleu au duc
de Bourgogne*. Tout d'abord, en lisant ce titre qui semble annon-
cer le récit d'une cérémonie officielle de la cour de Versailles,
on est tenté de croire que Watteau a pu travailler pour le grand
roi; mais c'est un mirage qui se dissipe bien vite. En premier
lieu l'événement raconté n'est pas le moins du monde du temps
de Watteau. Nous sommes en présence d'un fait rétrospectif et

déjà oublié quand l'artiste vint à Paris. Le petit duc de Bourgogne, objet de tant d'espérances, est né à Versailles, le 6 août
1682, plus de deux ans avant Watteau, qui n'a jamais bien
connu cette histoire. Après avoir été ondoyé dans la chambre
de sa mère, le jeune prince fut transporté dans son appartement,
et aussitôt Louis XIV, toujours attentif aux choses du décorum
et de la piaffe, lui envoya la croix du Saint-Esprit par le marquis
de Seignelay, trésorier de l'ordre. On voit bien dans l'estampe
de Larmessin que toute cette aventure avait été fort inexactement racontée à Watteau et qu'il a suppléé par le caprice aux
documents qui lui manquaient. Trompé par les lointains de
l'histoire, il a imaginé un Louis XIV assez vieux, alors que le
roi était encore fort gaillard en 1682. Aucun des personnages
n'est ressemblant. La vérité historique est même remplacée par
la fiction, puisque ce ne fut pas le roi en personne qui remit le
cordon bleu au petit prince. Évidemment, il y a eu dans la con-
ception de ce tableau un grain de fantaisie. Watteau avait été
mieux informé lorsque, dans une autre composition également
rétrospective, il avait représenté le *Départ des comédiens italiens en
1697*. Cette fois, du moins, il ne sortait pas de son monde ; il
n'avait rien vu de la scène, puisqu'elle est antérieure à son arrivée à Paris ; mais il pouvait interroger les souvenirs de Gillot
et il avait à sa disposition les costumes de la Comédie.

Quoi qu'il en soit, il est étrange que Watteau ait eu à représenter la *Naissance du duc de Bourgogne*. Nous avons cru un instant que ce singulier tableau allait nous mettre sur le chemin
d'une découverte. Une note de Mariette nous disait que Watteau l'avait fait « pour M. Dieu, qui avoit entrepris de peindre

toutes les actions de la vie du roy, pour estre exécutées en tapis-
serie, ce qui n'a point eu son effet ». Watteau aurait-il été en
relations avec les Gobelins? C'était une question curieuse. Elle
doit être résolue par la négative; mais il est certain qu'à une
époque inconnue il a travaillé pour son confrère Antoine Dieu.
Ce Dieu n'a jamais été un personnage de marque; il ne fut
reçu à l'Académie qu'en 1722, après la mort de Watteau, et ce
dernier l'aura sans doute connu pendant sa période d'apprentissage. Antoine Dieu, qui n'a pas eu souvent la main légère,
quoiqu'il ait peint avec Oudry les décors du ballet des *Éléments*,
avait imaginé, à une date que nous ne savons pas, de composer
des cartons de tapisseries qui auraient fait suite à la fameuse
série de l'*Histoire du roi* de Charles Lebrun. Il reste à Versailles
deux de ces projets qui ne furent pas exécutés, la *Naissance du
duc de Bourgogne* et son *Mariage avec Marie-Adélaïde de Savoie*.
Et c'est ici que le texte de Mariette est précieux. L'imagination
paresseuse d'Antoine Dieu avait besoin d'être aidée. Pour le
premier de ces tableaux, il demanda une maquette à Watteau.
De là la peinture que Larmessin a gravée. Dieu ne paraît pas
du reste avoir été pleinement satisfait du projet de son jeune
collaborateur, car en agrandissant son esquisse, il y fit beaucoup
de changements, multipliant le nombre des personnages, cherchant les ressemblances que Watteau avait négligées, et aussi la
fidélité des costumes qu'il remit à la mode de 1682. Toutes ces
peines furent perdues : les patrons d'Antoine Dieu n'ont jamais
été traduits en tapisseries, et notre ami M. Gerspach, qui a bien
voulu s'intéresser à nos recherches, déclare qu'il ne reste aux
archives des Gobelins aucun papier relatif aux relations de la

(Fac-similé de la gravure de Jeanne Renard du Bos.)

maison avec Antoine Dieu et moins encore avec Watteau qui n'avait d'ailleurs travaillé qu'en sous-ordre et dans la coulisse.

Si Watteau n'a pas fait de tableaux d'histoire, — car la *Naissance du duc de Bourgogne* est une exception qui ne compte pas, — il a fait des choses pour le moins aussi difficiles, c'est-à-dire des portraits. Il a déjà été parlé aux pages précédentes du plus fameux de ces portraits, le *Gilles* de la collection Lacaze. On sait que le nom du personnage a été vainement cherché, et le résultat négatif de cette enquête nous contriste : il est fâcheux en effet de ne pas savoir quel était ce comédien ou cet ami déguisé, qui nous regarde en face sans consentir à nous dire son secret. Le *Gilles* est une des peintures les plus sérieuses de Watteau. Ce n'est pas la plus lyrique; le charme entraînant du coup d'aile y est remplacé par la volonté de bien faire, par le raisonnement assidu d'un maître qui n'est pas habitué à peindre des figures de grandeur naturelle et qui s'applique. Watteau y dissimule les virtuosités de sa touche et la vibration cinglante des coups de fouet qui donnaient tant d'esprit à ses petits tableaux. Les colorations sont néanmoins heureuses et même surprenantes, car le ton des chairs, les blancs de l'habit feront toujours la joie des raffinés. Mais pour le libre travail du pinceau, l'artiste ne retrouve sa verve habituelle que dans les figures épisodiques, « dans le groupe chantant d'histrions en voyage » qui gravissent le coteau pour venir rejoindre leur camarade, et aussi dans le paysage abrégé et improvisé qui constitue le décor. On peut voir dans cette peinture, justement célèbre, le dernier mot de Watteau quand il se surveille.

Le portrait de Julienne, de la collection de M. Groult, n'est pas moins important. Les contemporains semblent ne pas l'avoir connu, car ils n'en disent pas un mot. Ce portrait, nous l'avons admiré dès notre jeunesse, quand il était chez l'excentrique Duclos qui ne le montrait pas volontiers à tout le monde dans son étrange retraite du faubourg Saint-Victor. Il a appartenu ensuite à M. Chazaud qui, en 1878, l'a exposé à la galerie des portraits historiques au Trocadéro. Il fut alors finement gravé par Champollion. L'œuvre a changé de maître : elle reste éloquente et superbe. C'est l'image d'un homme qui est heureux dans la vie. Magnifiquement vêtu d'un habit brodé et d'une veste de soie à ramages, la tête un peu penchée, les yeux flottants dans une rêverie amoureuse, l'ami de Watteau s'appuie d'une main sur le socle d'une statue absente et s'enlève avec beaucoup de relief sur les chaudes frondaisons d'un de ces paysages où le peintre mêlait si bien la réalité et la chimère. Certains détails sont des merveilles d'exécution : les blancheurs du fin jabot de dentelle, les broderies de la veste et de l'habit, les manchettes amples et débordantes sont d'un travail superbe ; les chairs, les mains surtout, ont, dans leur coloration doucement ambrée, cette morbidesse et ce palpitant qui sont particuliers au maître de Valenciennes et qui permettront de le reconnaître toujours. L'esprit de Watteau, l'esprit du xviiie siècle et de la France triomphent dans cette prodigieuse peinture.

A ces œuvres s'ajoute le portrait du sculpteur Antoine Pater, père du peintre, qu'une intelligente libéralité de M. Bertin a fait entrer au musée de Valenciennes. Ce portrait, dont la réputation est encore nouvelle, a été récemment reproduit dans le précieux volume que M. Emile Hannover, écrivain danois, a publié sur

L'OCCUPATION SELON L'AGE, TABLEAU DE WATTEAU

(Fac-similé de la gravure de Dupuis.)

Watteau[1]. L'artiste est représenté à mi-corps, coiffé d'une vaste perruque encore très louis-quatorzienne; il est debout, la main droite posée sur une tête de marbre blanc plus grande que nature. Le sculpteur n'était plus très jeune lorsque Watteau fit son portrait : il a certainement plus de quarante-cinq ans, peut-être cinquante, comme le pensait Léon Dumont. Or, Antoine Pater est né en 1670, ce qui permettrait de supposer que l'œuvre est voisine de 1720. Il est regrettable que les érudits de Valenciennes ne soient pas parvenus encore à dater exactement ce portrait, qui importe à la biographie de Watteau et à la chronologie de ses manières. Louis Cellier, qui s'est occupé du problème, croyait que cette peinture a pu être exécutée lors d'un séjour que le peintre aurait fait à Valenciennes, au moment de son retour de Londres : la conjecture est ingénieuse; malheureusement, personne n'a dit que Watteau, revenant d'Angleterre, se soit arrêté en route[2]. Quant au mérite de l'œuvre, il est aussi incontestable que troublant; nous l'avons vue plusieurs fois et elle nous inquiète comme une énigme. A prendre la question au point de vue de l'art, il est certain que cette tête puissamment caractérisée et fouillée jusqu'en ses détails les plus précis n'est pas due au pinceau d'un jeune homme : elle accuse une volonté très forte et une longue étude de la physionomie humaine. Watteau a respecté la laideur

---

[1] *Antoine Watteau*, traduction allemande par Alice Hannover. Berlin, chez Robert Oppenheim, 1889.

[2] M. Paul Foucart, l'historien essentiel de la famille Pater, propose une autre hypothèse. Il pense que le sculpteur et sa femme ont accompagné à Paris leur fils Jean-Baptiste, et que c'est alors que Watteau a pu faire leur portrait. *Réunion des Sociétés des Beaux-Arts*, 1887, p. 92.

d'Antoine Pater et la fatigue dont son visage porte la trace. Ce
portrait singulier est peut-être un des chefs-d'œuvre du maître :
nous avons le vif regret de ne pouvoir dire exactement à
quelle époque il a été peint; mais nous avons la conviction
qu'il date des approches de 1720.

Watteau avait également peint le portrait d'Élisabeth Defon-
taine, femme du sculpteur Antoine Pater. Ce tableau a été
détruit.

Pendant la période naïve où les amateurs étaient sans
défense, on considérait comme un portrait de Watteau une
excellente peinture que Baroilhet a exposée et vendue plusieurs
fois, notamment en 1855 et en 1856, et que nous avons plus
tard retrouvée chez M. Double. C'était une nymphe à mi-corps
qui, pour les faiseurs de catalogues, représentait une nièce de
Mme de Julienne, sous la figure de la Seine. On a là un exemple
de cette manie qui nous pousse à baptiser toutes les inconnues.
Il suffit d'avoir vu cette déesse des eaux pour se rappeler qu'elle
n'était nullement un portrait. Edmond de Goncourt la signale
comme « une très belle académie d'atelier ». Le mot est fort
juste : il n'y a point là l'accent de la vie particulière et je retrouve
dans le visage une certaine invasion de l'idéal. Cette femme,
appuyée sur son urne et entourée de roseaux, est en effet une
nymphe imaginaire, une source assez proche parente d'une de
ces élégantes Rivières que Corneille Vanclève nous montre en
1707 dans son beau groupe des Tuileries. Cette divinité des
eaux est d'ailleurs un excellent travail de peinture : Watteau s'y
est appliqué à peindre les blancheurs rosées des chairs jeunes et
fermes, adoptant cette fois un procédé caressé et lisse, cherchant

DIANE AU BAIN, TABLEAU DE WATTEAU.
(Fac-similé de la gravure d'Aveline.)

la sagesse, comme il l'a cherchée dans le visage du *Gilles*, car
c'est chez moi une pensée persistante que lorsque Watteau peint
une figure de grandeur naturelle, il surveille son travail à la façon
d'un écolier studieux et s'applique comme s'il voulait mériter un
prix. Quoi qu'il en soit, la nymphe de l'ancienne collection de
M. Double ne saurait figurer au nombre des portraits de Watteau.

Mais il faut craindre de s'attarder trop longtemps à la
recherche de la curiosité pure. Ces œuvres exceptionnelles inté-
ressent surtout les érudits dont l'ambition n'est jamais satisfaite,
les catalogueurs infatigables qui veulent attacher un numéro à
la moindre page du livre. Watteau a été un travailleur incessant
et il s'est promené dans toutes les avenues. Le dénombrement
et la description de ses peintures exigeront encore bien des
recherches : le travail a été excellemment préparé par Edmond
de Goncourt, dans son *Catalogue raisonné de l'œuvre de Watteau*
(1875); mais les ouvrages de cette sorte sont toujours provi-
soires, et, dans la longue étude que nous achevons, nous avons
constamment vécu avec cette pensée qu'indépendamment des
Watteau dont les graveurs du dernier siècle nous ont laissé les
estampes, il en est d'autres, et plus nombreux qu'on ne croit,
que le burin et l'eau-forte ont ignorés. L'espoir de trouver des
œuvres inconnues nous soutient toujours et aussi le désir d'enlever à des peintures suspectes le nom glorieux dont on les
décore. Il y a une question Watteau. Pour faire faire à cette
question, qui marche si lentement, les progrès définitifs qu'am-
bitionne la critique moderne, il y aurait un beau travail à entreprendre. Il faudrait prendre le bâton de voyage et aller coura-
geusement partout où l'on croit voir des Watteau. Il faudrait

écheniller l'œuvre du maître où tant de morceaux contestables
se sont abusivement introduits. Cette recherche, qui promet
d'heureux résultats, a préoccupé le dernier historien de Watteau,
M. Émile Hannover. L'écrivain danois, qui paraît un biographe
des mieux informés et un esprit passionné pour les choses
exactes, propose de corriger quelques erreurs. Ainsi les deux
prétendus Watteau de Cassel seraient des Lancret. De son côté,
Edmond de Goncourt a enlevé au maître de Valenciennes pour
le restituer à Philippe Mercier le petit *Escamoteur* de la galerie
Lacaze, qui nous avait toujours troublé. Ce travail d'épuration,
dont nous ne citons que de rares exemples, devra être poursuivi.
Et, en même temps, il devra avoir sa contre-partie : il faudra,
par une enquête sévère, savoir si quelque Watteau authentique
ne se dissimule pas sous un faux nom parmi les peintures que
l'on attribue à son temps et à son école. Pour peu qu'on ait
d'expérience en ces matières, on sait que toutes les erreurs sont
possibles, et, ici, la question est d'autant moins oiseuse que
ceux-là même qui ont consacré des années à étudier Watteau
doivent avouer ingénument qu'il y a des périodes où le maître
leur échappe et qu'ils éprouvent un cruel embarras à fixer *ne
varietur* la chronologie de ses manières. Il faudra, en outre, si
l'on veut aller jusqu'au bout du problème, examiner avec vigi-
lance les copies anciennes. Au xviiie siècle, Watteau a été fort
copié, et quelquefois par des pinceaux qui n'étaient nullement
barbares. A côté des contrefacteurs qui ne méritent que le dédain,
Watteau a eu des copistes sincères et d'ailleurs habiles ; il a dû
à sa mort laisser des tableaux inachevés qui ont pu être termi-
nés par des élèves intelligents. M. Guiffrey a publié, d'après les

piéces originales conservées aux Archives, les procès-verbaux
des inventaires dressés à la suite de l'apposition des scellés chez
un grand nombre d'artistes. Ces documents constatent l'exis-
tence d'une prodigieuse quantité de copies d'après Watteau qui,
depuis lors, ont dû faire leur chemin dans le monde. Çà et là,
nous en voyons passer quelques-unes à l'hôtel Drouot, et elles
ne sont pas toutes misérables. Il faut les surveiller d'un œil
jaloux, car elles nous parlent du maître, et il en est plus d'une
qui peut nous instruire et nous rendre la vision d'une œuvre
perdue.

VI

LES ŒUVRES DE WATTEAU

Où donc sont les œuvres de Watteau? Quel conseil donner au curieux qui voudrait étudier le génie du maître et apprendre, autrement que dans les écrits des pauvres historiographes, quelles joies peuvent donner aux yeux et à l'âme des peintures où triomphent la lumière, la couleur, la virtuosité du pinceau et les plus brillants caprices de l'élégance et de l'esprit? La question ainsi posée devient une question de géographie, et nous devons dire tout d'abord que l'itinéraire n'est pas facile à fixer. Les tableaux sont de grands voyageurs : à peine sait-on à quel clou ils sont accrochés qu'ils prennent leur vol et recommencent à courir le monde. Les musées seuls leur assurent un domicile constant. Mais tous les Watteau ne sont pas dans les musées : pour rencontrer le grand charmeur et lui demander son secret, il faudrait aller partout.

Commençons par la France. La première visite du chercheur sera pour le Louvre; car il est là, il est à nous l'immortel chef-

d'œuvre, l'*Embarquement pour Cythère*, page lumineuse qu'ins-
pirent une fantaisie adorable, une richesse d'imagination qui, si
l'on songe à la date (1717), s'apparente au génie. Cette œuvre
reste une des plus glorieuses victoires de la liberté contre la rou-
tine. Par l'attitude et le groupement des figures qui préludent au
voyage enchanté, par la grâce amoureuse et vraie de leur gesti-
culation, la nouveauté coquette de leur costume, le vaporeux du
paysage doucement chimérique, ce merveilleux tableau résume
la révolution que Watteau avait entreprise et qu'il a eu l'honneur
d'accomplir; car cette peinture faite pour l'Académie et exécutée
au Louvre, sous l'inspection de deux commissaires de la Compagnie, avoue hautement les ambitions réformatrices du jeune
maître et met en déroute les anciennes doctrines et les vieilles
mythologies. C'est un nouveau rayon qui se lève sur l'école
française, c'est une source inédite où s'enivrera tout un siècle.
Et si nous voulons nous rendre compte de l'idéal véritable de
Watteau, qui attacha toujours un grand prix à la virtuosité du
travail et au cinglant de la touche, n'oublions jamais que, de
l'aveu du peintre lui-même, l'*Embarquement pour Cythère* n'est
qu'une brillante esquisse, une improvisation provisoire qui ne
dit pas tout. On a donc, en cette œuvre admirable, un des
éclairs, un des moments de la pensée de Watteau, mais on n'a
qu'une partie de son rêve.

Cette première vision de l'idéal que cherchait le peintre de
Valenciennes doit être complétée par l'examen méthodique des
tableaux réunis dans la galerie Lacaze. Rien n'est indifférent de
ce qui est sorti de sa main savante, et ici nous avons toutes les
manières. Le *Gilles*, debout dans son habit blanc, nous montre

PORTRAIT DE FEMME, PAR WATTEAU.

(Fac-similé d'une gravure de J.-M. Liotard.)

le Watteau sérieux qui s'applique et se surveille ; l'*Indifférent*
et la *Finette* sont des morceaux dépourvus de toute prétention
héroïque ; mais où l'artiste nous met, par un travail définitif,
dans la confidence de ce qu'il cherche, car il y a là, avec la spirituelle désinvolture des personnages, le goût pour les colorations fleuries, obtenues par des superpositions de tons dont
Watteau avait emprunté le secret à Rubens lui-même. Comme
marque caractéristique de cet amour pour la rareté, il faut noter
les roses pâles qui égaient les bas de l'*Indifférent*, et la robe d'un
bleu verdâtre glacé de blanc dont la *Finette* s'est revêtue. Cette
robe nous dit de quels éléments Watteau avait composé son
idéal de coloriste et sa technique. Tout le monde a vu au Musée
d'Anvers le beau Rubens qu'on appelle l'*Education de la Vierge*.
La jeune fille, convaincue qu'il faut être bien habillée, même pour
prendre une leçon de lecture, porte une magnifique robe de satin
blanc, où la cassure des plis détermine des ombres bleuissantes.
Il se peut, comme le croit M. Max Rooses, que les dessous aient
été préparés par un élève, mais Rubens est revenu sur ce travail d'attente, et, de son pinceau triomphant, il a posé les lui-
sants du satin et fait briller les lumières. Pour ceux qui aiment
la peinture et sont curieux de savoir comment les choses sont
faites, la comparaison des étoffes dans la *Finette* avec la robe de
la Vierge au Musée d'Anvers, sera toujours une joie infinie.
L'étroite parenté qui lie Watteau à Rubens, la cordiale entente
de leur idéal et de leur méthode, n'a jamais été plus évidente.

A la galerie Lacaze, d'autres pages encore, et bien significa-
tives. Nous avons déjà parlé de presque toutes. L'*Assemblée dans
un parc* qui, d'après une note inscrite au revers du panneau,

aurait appartenu à de Cotte, directeur des médailles, est un Watteau qui semble compromis par des restaurations suspectes. Mais le tableau n'en est pas moins fort instructif, car dans les onze figurines qui se groupent en galant équipage sous de grands arbres pareils à ceux que Watteau avait dessinés dans le jardin de Crozat, à Montmorency, on retrouve l'esprit et le nerf que le maître apportait à ses compositions miniaturées, comme le tableau qu'il avait peint en 1719 pour le Régent. L'*Assemblée dans le parc* a cependant l'air d'une peinture un peu plus ancienne. Le *Jugement de Pâris* n'est qu'une esquisse légère qui nous montre Watteau aux prises avec le problème de la nudité et qui avoue, çà et là, l'embarras qu'il éprouvait à exprimer les hautaines élégances des formes divines. Même observation pour le tableau ovale, *Jupiter et Antiope*, que nous avons cité comme un exemple des leçons que Watteau a pu prendre chez Crozat quand il essayait de dérober aux Vénitiens le secret de leurs carnations ambrées ; enfin, en ce qui concerne le *Faux pas* ou l'*Heureuse chute*, dont nous avons parlé au chapitre précédent, c'est le Watteau nerveux et d'une belle virtuosité où l'on voit éclater des rouges excessifs, uniquement parce qu'un nettoyage maladroit s'est attaqué à cette œuvre délicate et a enlevé les glacis transparents qui recouvraient la peinture de leur enveloppe vitrée. Tous ces Watteau de la galerie Lacaze veulent être médités.

Une fois sortis du Louvre, nous ne rencontrerons pas beaucoup de Watteau à Paris ; mais, en cherchant bien, nous en trouverons quelques-uns. Chez M. Groult, d'abord, il y a le petit *Flûteur* dont nous avons parlé, avec son effet de lumière artifi-

cielle où une bougie invisible fait courir des reflets rougeâtres
sur les mains de l'instrumentiste et sur sa flûte. C'est aussi dans
cette collection privilégiée qu'est le beau portrait de Julienne, le
chef-d'œuvre que nous avons déjà célébré. Et ce n'est pas tout.
A l'heure où nous signalions comme égaré, depuis la vente
du docteur Mead en 1754, le tableau des *Comédiens italiens* que
Watteau peignit pour son médecin lors de son voyage en Angleterre et que nous ne connaissions que par la gravure de Baron,
voilà que l'œuvre, heureusement retrouvée à Londres, arrive à
Paris et vient prendre place à côté du *Flûteur* et du *Julienne*. C'est
un Watteau de première importance. Les contemporains nous
disent que, pendant son exil, l'artiste est triste et malade et qu'il
a le cœur plein d'ennuis. Il n'y paraît pas à cette peinture dont
la coloration est extrêmement brillante, où le pinceau est plus
que jamais libre et spirituel. Watteau n'a plus sous les yeux ses
amis de la Comédie italienne : il se console en faisant poser
d'autres personnages, en utilisant les croquis dont il a, avant le
départ, gonflé son portefeuille. Assises ou debout sur les
marches d'un palais de fantaisie, les figures, colorées comme des
pierreries, s'enlèvent, remuantes et vives, sur un fond d'un gris
chaud. Le principal personnage, celui qui occupe le centre de la
composition et qui domine de sa haute taille tous ses camarades,
c'est Gilles, reconnaissable à son costume, à son attitude symé-
trique, et aussi à son sérieux, car il semble désormais démontré
que le caractère essentiel de ce protagoniste de la Comédie, c'est
qu'il conserve sa gravité au milieu des lazzi les plus fous. Ici
encore, la tête, très soignée et très voulue, est un portrait ; mais
le modèle n'est pas celui qui a posé pour le tableau de la galerie

Lacaze. La fière comédienne placée à côté de Gilles, et qui paraît regarder l'humanité d'un air dédaigneux, n'est pas non plus un type familier à Watteau : pendant son séjour à Londres, l'artiste n'avait pas sous la main son personnel accoutumé et il a été obligé de faire poser des voisins ou des amis : cette altière coquette est vraisemblablement une Anglaise. Et comme on voit bien, dans ce tableau, que Watteau avait besoin de la nature ! Il a trouvé des modèles pour tous les rôles de la Comédie, il n'en a pas trouvé pour les deux enfants qui jouent au premier plan, et il a été contraint de les inventer : de là une légère faiblesse dans cette peinture où toutes les têtes sont des merveilles d'individualité et d'esprit. La rentrée à Paris de ce tableau, égaré depuis plus d'un siècle, doit être saluée comme une conquête faite sur l'Angleterre.

Presque au même moment, la France remportait une seconde victoire. Elle faisait revenir au bercail une autre peinture exilée dans les environs de Londres, la *Diane au bain*, dont nous avons parlé d'après la gravure de P. Aveline. Le tableau est aujourd'hui chez M. Stéphane Bourgeois. C'est un Watteau extraordinaire et digne du plus glorieux musée. L'estampe nous donnait une vague idée du modelé des chairs palpitantes, mais elle ne disait pas le charme de la couleur, la magie de la lumière qui inonde le paysage et la baigneuse. Diane est assise sur une draperie blanche qui recouvre en partie une étoffe d'un rose assez vif. Cette note rose joue dans la peinture un rôle capital. Elle n'est pas complètement isolée, en ce sens qu'elle trouve un écho dans les blancheurs rosées du corps de la déesse, carnations souples et brillantes peintes par un adorateur de Rubens ; elle a une autre raison d'être, cette note rose ; elle fait chanter, par le contraste, les verdures dorées du paysage. Pour la coloration et pour la lumière, ce tableau touche au miracle.

D'après Bürger (*Paris-Guide*, 1867), Watteau serait représenté par une grande *Fête champêtre* chez les héritiers de M. le baron James de Rothschild. Il est aussi dans la collection laissée par Eudoxe Marcille, et on le retrouve à Chantilly. En 1874, M. le duc d'Aumale exposait au Palais-Bourbon l'*Amour désarmé*, toile ovale qui a fait partie du cabinet de Julienne et dont nous avons la gravure par B. Audran. A la même exposition, Mme Lyne Stephens montrait la *Gamme d'amour*, beau tableau connu par l'estampe de Lebas. Mais comment poursuivre cette liste en un temps où les collections se forment si vite et s'égrènent si rapidement?

Un nouveau Watteau, dont personne n'avait parlé, vient de se révéler à Paris. Un amateur, M. M. Bernstein, a acheté au mois de novembre 1889 un tableau qui avait échappé aux graveurs du xviiie siècle. Faute d'un titre meilleur, nous l'appellerons l'*Heureuse rencontre*. C'est un Watteau assagi et qui, tout d'abord, déconcerte un peu ceux qui, sous la conduite du maître, se sont embarqués pour Cythère. Deux personnages, un jeune homme et une jeune femme, sont debout dans un paysage chimérique et peu écrit. A droite et à gauche, des figures inventées pour meubler la composition. Peu de mouvement, peu de flamme. L'entretien de l'amoureux et de l'amoureuse semble froid et c'est en songeant à un tableau pareil que Caylus a pu dire que Watteau n'a jamais exprimé aucune passion. Les figures accessoires et le paysage sont faits de pratique et n'ont pas

l'accent résolu que le peintre trouvait devant la nature. Les
fonds sont d'une coloration légère et semblent avoir été tenus
assez pâles pour faire valoir le groupe central qui s'enlève sur
l'ensemble comme une tache très colorée et qui, à vrai dire,
constitue tout le tableau. Ces deux figures, qui ont l'amour si
tranquille et qu'aucune fièvre ne tourmente, sont délicieuse-
ment peintes. La tête du jeune homme, les chairs de la jeune
femme présentent des surfaces douillettes sur des dessous résis-
tants. La peinture est grasse, volontaire, savante. L'agilité de la
touche, — celle d'un maître qui a étudié Teniers, — est visible
dans les plis de la collerette de l'amoureux, dans son costume
et jusque dans son soulier galant. L'*Heureuse rencontre* est un
tableau sans délire, mais très instructif : il nous montre le
peintre, non pas timide, mais appliqué et pris d'un accès de
sagesse.

En dehors de Paris, la France provinciale n'est pas très riche
en Watteau. Tout d'abord, si l'on est tenté de chercher le maître
au Musée de Valenciennes, on n'y trouvera, comme œuvre
authentique et certaine, que le portrait du sculpteur Antoine
Pater, mentionné au chapitre précédent. Le Musée de Nantes
croit avoir un Watteau, fort curieux du reste, où l'on voit
« Arlequin, dans une carriole traînée par un âne, et rencontrant
Pantalon, Pierrot et Colombine ». Ce serait, d'après la tradition,
une œuvre du temps où Watteau travaillait chez Gillot. Je
connais ce panneau, mais il me laisse perplexe et je suis loin de
le garantir. Les amateurs sont-ils plus riches que les musées?
Pendant que j'ébauchais mon travail, M. Morel de Voleine m'a
fait l'honneur de m'écrire qu'il possédait à Lyon les deux

tableaux, les *Fêtes au dieu Pan*, gravées par Aubert, et les *Enfants de Bacchus*, gravées par Fessard, qui lui viennent d'un aïeul, François Morel, banquier à Paris vers 1720. La lettre des

estampes indique, en effet, que les graveurs ont reproduit des peintures que possédait le banquier Morel. Le renseignement est précieux et je remercie l'aimable correspondant qui a bien voulu me le transmettre.

Si nous franchissions nos frontières, nous trouverions bien des richesses. Il y a des Watteau partout où l'on a aimé la

France du XVIIIe siècle. La collection du tsar se compose, comme on sait, de tableaux qui sont au Musée de l'Ermitage et de peintures, moins accessibles, qui, considérées comme éléments de décoration, ornent les appartements privés de la cour, soit au Palais d'hiver, soit à Gatchina ou à Tsarkoë-Sélo. En 1883, nous avons pris des notes sur les Watteau de l'Ermitage et notre récit nous a permis de citer les deux scènes militaires, les deux petits cuivres aux colorations rousses qui nous montrent le Watteau de 1710 : nous avons déjà parlé du *Savoyard avec sa marmotte*, œuvre curieuse du maître en quête du naturalisme, et nous avons également décrit et célébré le *Mezzetin* que M. L. Muller a gravé et qui demeure un monument de virtuosité et d'esprit.

Pour les tableaux conservés dans les résidences impériales, nous sommes sur un terrain moins solide ; mais nous attachons un grand prix aux communications que M. le baron Koehn a bien voulu adresser à Edmond de Goncourt quand il rédigeait son *Catalogue raisonné*. C'est grâce à lui que nous savons que le tableau gravé par Thomassin avec les vers : *Coquettes, qui pour voir galants au rendez-vous...* est aujourd'hui au Palais d'hiver à Saint-Pétersbourg. C'est un tout petit panneau, de sept pouces de hauteur sur une largeur de neuf pouces, qui groupe divers personnages semblant se préparer à aller au bal. Et lorsque M. Koehn ajoute que c'est un des plus beaux Watteau de la Russie, nous le croyons sans peine, car rien que dans l'estampe de Thomassin, on devine que le peintre, travaillant en petit, a mis dans les figures comme dans les costumes un brillant résumé de son esprit et de son caprice.

Il y aurait encore au Palais d'hiver deux *Conversations cham-pêtres* sur cuivre et deux *Amusements champêtres,* l'un et l'autre, avec de nombreux personnages. Enfin à Gatchina, le baron Koehn signale *Deux femmes causant avec deux hommes,* peinture sur bois. C'est aussi dans cette résidence que se retrouve la *Sainte Famille,* gravée par Jeanne Renard du Bos. J'ajouterai que les Watteau de la Russie ont presque tous l'origine la plus pure : beaucoup viennent de la collection de Crozat, baron de Thiers, et nous en trouvons l'indication dans la description que Hébert a donnée, en 1766, du célèbre cabinet de la place Vendôme[1].

L'Allemagne est encore plus riche que la Russie. Watteau est d'abord dans les Musées. A Dresde, deux compositions délicieuses, *Réunion en plein air* et *Amusement champêtre.* Dans la première de ces toiles, des jeunes gens et de belles dames sont groupés près d'un banc de pierre ; d'un côté, une jeune fille tend son tablier pour recevoir les fleurs qu'une de ses compagnes cueille au buisson voisin ; de l'autre côté, un gentleman, debout et plein de désinvolture, contemple une statue couchée et vue de dos, une Source appuyée sur l'urne accoutumée ; dans le fond, deux amoureux s'égarent sous de grands arbres. Le paysage est superbe et profond ; pour les figures, Watteau a utilisé quelques-uns de ses croquis à la sanguine. La statue, appuyée sur son urne, présente cette particularité qu'elle cherche le charme au point d'oublier qu'elle est de marbre ou de pierre : ses carnations, grassouillettes et séduisantes, se modèlent comme celles d'une femme nue et cette

---

[1] *Dictionnaire pittoresque et historique,* I, p. 86.

morbidesse est très visible dans la photographie de M. Braun. L'*Amusement champêtre* est aussi un beau paysage habité par des gens heureux : à droite, sur un socle circulaire, un groupe formé d'une Vénus qui se dispute doucement avec l'Amour dont elle a pris le carquois : la tête, un peu chiffonnée, de la déesse, ressemble à celle de la *Diane au bain* récemment rentrée à Paris ; la peinture pourrait être du même temps ; au centre, une galante assemblée est assise ou étendue sur le gazon et paraît très occupée des choses de l'amour ; au fond, de grands arbres d'une fantaisie élégamment décorative. Ces deux compositions paraissent avoir échappé aux graveurs du dernier siècle.

Il y a trois Watteau au Musée de Berlin : l'*Amour au théâtre français*, l'*Amour au théâtre italien*, tous deux gravés par C.-N. Cochin, lorsqu'ils appartenaient à M. de Rosnel, et beaux l'un et l'autre ; le troisième, moins intéressant, est le petit tableau reproduit par Moyreau sous le titre *la Colation*. Je connais bien cette peinture, ayant eu le loisir de la décrocher et de l'étudier à mon aise, lorsqu'elle appartenait à M. Suermondt. C'est une œuvre parfaitement authentique, avec une particularité toutefois que nous avons signalée jadis, et qui aujourd'hui nous étonne encore. La tête d'une des deux femmes n'appartient pas au type dont Watteau s'inspire d'ordinaire. On dirait qu'une main profane a refait ce jeune visage, et cependant la peinture ne porte aucune trace de restauration. On se rappelle le motif, qui est le plus simple du monde. La *Colation* groupe deux femmes assises sur le gazon : chacune d'elles a son amoureux, l'isolement n'étant pas de bon goût dans les campagnes cythéréennes de Watteau. Un plat d'argent, quelques débris de choses grignotées entre deux baisers sont épars sur l'herbe verte, mais on voit bien que le repas a été léger, de si charmantes figures vivant de tendresse, d'esprit et de l'air du temps. Ce petit tableau est d'une coloration ravissante.

Mais il y a à Berlin un amateur, qui, grâce aux intelligentes acquisitions du grand Frédéric, est plus riche que le Musée. C'est l'empereur d'Allemagne. Il a douze tableaux de Watteau, si l'on compte pour deux la fameuse *Enseigne* de Gersaint dont les deux moitiés n'ont pas encore été réunies dans le même cadre. Ces Watteau ne sont pas inconnus : neuf d'entre eux ont été vus par tous les amateurs de l'Europe, lors de la belle exposition rétrospective organisée en 1883, à Berlin, à l'occasion des noces d'argent du Kronprinz et de la future impératrice Frédéric. Notre ami M. Ephrussi a entretenu les lecteurs de la *Gazette des Beaux-Arts* de cette exposition mémorable[1] et M. Braun a d'ailleurs rapporté les photographies des chefs-d'œuvre qui y étaient réunis. En outre, M. Bode et M. Dohme ont consacré à cette solennité une brochure qui en conservera le souvenir[2].

Au premier rang des Watteau qui font partie de la collection particulière de la couronne, il faut citer l'exemplaire terminé et définitif de l'*Embarquement pour Cythère*, celui que Julienne a possédé et qui a été gravé par Tardieu, et les deux fragments de l'*Enseigne* conservés dans des cadres distincts comme au moment où Frédéric II les acheta. A ces trésors, on doit ajouter :

---

[1] *Gazette des Beaux-Arts*, 2ᵉ période, t. XXIX, nᵒˢ 273, 357 et XXX, p. 97.

[2] Dans la brochure des deux écrivains allemands, *Die Ausstellung von Gemælden älterer Meister im Berliner Privatbesitz* (Berlin, 1883), c'est M. R. Dohme qui s'est chargé du chapitre sur l'école française ; il y a montré une parfaite connaissance de la question et un goût éprouvé.

un paysage avec une charrette sur les premiers plans, tableau qui suffirait à lui seul pour révéler les origines flamandes de Watteau ; le *Plaisir pastoral*, dont M. le duc d'Aumale possède une édition plus achevée, qui est peut-être celle qui a servi à Tardieu pour son estampe ; l'*Amour paisible* ; la *Leçon d'amour*, gravée par Dupuis en 1734, peinture un peu craquelée, mais charmante encore ; le *Concert* dont le groupe principal est une réminiscence de la *Leçon de musique* de la collection Richard Wallace, tableau noirci et en assez mauvais état ; l'*Assemblée dans un parc* qu'on est tenté de prendre pour une répétition modifiée de l'*Assemblée galante*, gravée par Lebas. Le tableau est inachevé et, en ce sens, il peut servir à l'étude des procédés de Watteau. Et la liste n'est pas finie : il y faut joindre les *Comédiens français*, qui ont appartenu à Julienne, et dont nous avons l'estampe par J.-M. Liotard ; la *Danse*, gravée par un anonyme avec les vers : *Iris, c'est de bonne heure avoir l'air à la danse.* Enfin l'empereur d'Allemagne possède en outre à Sans-Souci la *Mariée de village*, gravée par Cochin . la peinture est en si méchante condition qu'elle n'a pu être exposée à Berlin en 1883, et c'est grand dommage, car le maître y a groupé une centaine de figurines. M. Dohme signale ce tableau envahi par les noirceurs comme un « véritable trésor ». Ainsi il demeure entendu que l'étudiant curieux d'apprendre Watteau ne devra pas négliger l'Allemagne. Le maître y est superbement représenté et le grand Frédéric a remporté bien des victoires sur la France[1].

---

[1] Sur la manière dont ces tableaux sont arrivés en Prusse, il faut lire l'intéressant travail de M. Émile Michel, les *Arts à la cour de Frédéric II* (*Revue des Deux-Mondes*, 15 avril 1883).

La Belgique n'a qu'un Watteau, la *Signature du contrat*, gravée par A. Cardon : c'est le célèbre tableau de la galerie du duc d'Arenberg à Bruxelles. Bürger a consacré quelques lignes intéressantes à cette peinture, dont l'estampe, sans date, est dédiée à son Altesse Mgr le duc d'Arenberg, chevalier de la Toison d'Or. Nous reproduisons la description qu'il donne de ce tableau :

Une centaine de figurines dans une espèce de parc, avec fontaines, cottages, tentes, bouquets de grands arbres et un fond de feuillages azurés. Tous ces petits groupes sont fort occupés : on cause, on boit, on danse, on festoie, on *fait la noce* enfin. C'est très gai et très spirituel, mais un peu mince d'exécution. Je n'ai pas vu le reçu qui doit porter la date de la peinture (non signée, — Watteau ne signait point), mais elle est certainement de sa première jeunesse. On y trouve encore l'influence des improvisateurs de panneaux décoratifs, dans les femmelettes un peu poupées d'éventail, dans le dessin des extrémités et dans les traits du visage, à peine marqués par quelque touche de vermillon [1].

A Madrid, deux Watteau, qui proviennent de la collection d'Elisabeth Farnèse, mariée à Philippe V, en 1714. Ils sont parfaitement authentiques : le premier, qui représente les préparatifs d'une noce, rappelle la composition de l'*Accordée de village*, gravée par N. de Larmessin, et c'est peut-être, comme l'indique Edmond de Goncourt, la première pensée du tableau définitif. La jeune épousée y paraît une couronne de fleurs blanches suspendue au-dessus de sa tête; elle est placée entre le fiancé et le

---

[1] W. Burger, *Galerie d'Arenberg*, 1869, p. 108. A la page précédente, Burger a dit que les archives de l'hôtel d'Arenberg conservent encore le reçu du peintre. Si ce document existe, le duc devrait autoriser un de nos amis à le publier. La vie de Watteau est plus mystérieuse que celle de Mantegna.

tabellion. Cette couronne, attachée à une draperie, devait être un usage d'origine flamande, car, chez Teniers, on ne se marie pas sans ce décor fleuri. Le tableau, longtemps exposé dans les appartements du palais de Saint-Ildefonse, est un peu noirci par endroits, mais charmant.

Le second Watteau du Musée de Madrid, de la même dimension que le précédent, est intitulé au catalogue de 1882 : *Vista tomada en los jardines de Saint-Cloud, con fuentes y boscaje*. Ce titre, d'invention moderne, est un peu aventureux. Watteau n'avait pas besoin d'aller à Saint-Cloud pour voir des fontaines rustiques et des cascades jaillissantes. Il a toujours aimé à introduire dans ses paysages des architectures plus ou moins chimériques : le tableau de Madrid a un air de famille avec le *Bosquet de Bacchus*, gravé par C.-N. Cochin. Les dames et les *caballeros*, étendus sur l'herbe, sont de l'exécution le plus délicatement spirituelle.

Reste l'Angleterre, et c'est ici que le catalogueur rencontre les plus redoutables broussailles. Lorsque, guidés par les estampes du xviiie siècle, nous avons commencé, il y a plus de trente ans, à chercher les Watteau disparus, on nous disait : « Ne perdez pas votre temps à des poursuites vaines : tous les Watteau sont en Angleterre. » Cette déclaration, incessamment répétée, avait pris l'autorité d'un dogme, et les Anglais s'en faisaient volontiers les propagateurs. On retrouve un écho de cette pensée dans le livre de John W. Mollett qui écrit en 1883 : *It is in England that the master is most fully represented*. Il y a, en effet, chez nos voisins un certain nombre de Watteau, parmi lesquels quelques chefs-d'œuvre. Je dois avouer cependant que

LE PLAISIR PASTORAL, TABLEAU DE WATTEAU.

(D'après une gravure de Tardieu.)

nous avons éprouvé une certaine surprise en arrivant à l'Exposition de Manchester en 1857. Sachant que les Anglais y avaient envoyé leurs meilleurs trésors, nous étions pleins d'espérance. Nous cherchions Watteau : nous rencontrâmes M. Lacaze qui, de son côté, poursuivait le même rêve et qui, lui aussi, était en quête de son ami. Notre déconvenue fut extrême de ne trouver au rendez-vous qu'un seul Watteau appartenant à lord Hertford et catalogué, sous le titre plus ou moins exact, de *Fête champêtre*, provenant de la galerie du cardinal Fesch. Bürger a bien parlé de ce tableau : le ton du paysage, dit-il, le ciel, avec un soleil couchant qui perce entre les grands arbres, le ton délicieux de la chair des femmes assises sur la verdure avec leurs robes aux couleurs chatoyantes, tout cela est de la qualité de Rubens[1]. En effet, l'œuvre est exquise; toutefois cette rareté des Watteau à l'Exposition de Manchester restait singulière et pouvait donner à penser que l'Angleterre n'est peut-être pas aussi riche qu'elle le dit. Mais c'eût été là un raisonnement détestable. Dans la réalité des faits, l'Angleterre possède un très beau choix de peintures de Watteau.

Comment en dresser la liste? C'est une entreprise à laquelle il faut renoncer, bien que nous ayons entre les mains des éléments précieux. Nous avons d'abord les indications fournies par Waagen dans son livre *Treasures of art in Great Britain*, mais les tableaux changent de place et l'ouvrage a vieilli. Il n'est pas sûr d'ailleurs que Waagen soit impeccable, surtout à propos de Watteau, et plus d'un de ses renseignements doit être contrôlé.

---

[1] *Trésors d'art en Angleterre*, 1865, p. 338.

Edmond de Goncourt est un guide plus sûr; on pourra consulter utilement la liste qu'il a établie dans son *Catalogue raisonné*. Cette liste est cependant incomplète, et, en effet, s'il est un pays où il soit impossible de tout savoir, c'est assurément l'Angleterre où tant de portes restent fermées. Les notes les plus exactes et les plus modernes nous sont données par John Mollett dont le livre sur Watteau est de 1883; encore l'auteur a-t-il ignoré bien des choses, car il n'a pas su qu'à l'heure où il écrivait, les *Comédiens italiens*, le tableau du Dr Mead, était à Londres et la *Diane au bain* dans les environs de la ville. Notre dessein n'est pas de reproduire ce dénombrement dont il nous est impossible de garantir l'exactitude. M. Hannover, le plus récent des historiographes, a vu la plupart des Watteau de l'Angleterre et il propose certaines rectifications qui, çà et là, éveillent la défiance sur l'originalité des voisins. Ainsi, les deux *Conversations* du Musée Fitz-William à Cambridge, cataloguées comme authentiques par Goncourt, seraient absolument suspectes. L'Angleterre est, ainsi que l'Allemagne du reste, une région où Lancret est quelquefois confondu avec Watteau. Ces erreurs doivent nous rendre prudents. Nous ne citerons que quelques œuvres.

A Dulwich Gallery, près de Londres, une *Fête champêtre* et le *Bal champêtre*. Dans ses *Criticisms on art*, William Hazlitt les signale tous deux comme de brillants exemplaires de Watteau, qu'il appelle gracieusement « *the Gainsborough of France* ». Le cri est bien anglais, mais nous l'entendons sans déplaisir, car il prouve que nous ne sommes pas les seuls à trouver quelque parenté entre les deux maîtres. Encore faudrait-il, si l'on voulait être tout à fait juste et obéir à la loi de l'histoire, reconnaître que c'est Watteau qui a commencé. Mollett fait remarquer que le *Bal champêtre* n'est autre que les *Plaisirs du bal* (n° 155 du catalogue de Goncourt). Ces continuels changements de titres ont ajouté une difficulté de plus à celles qui emplissent d'inquiétude l'âme du catalogueur le plus vigilant.

Nous avons cité, à propos du voyage de Watteau à Londres, les quatre tableaux de Buckingham Palace, savoir : deux *Fêtes champêtres*, *Arlequin et Pierrot*, composition de dix figures, et *Pourceaugnac houspillé par ses femmes*, peintures qui, d'après une légende que rien ne justifie, auraient été faites en Angleterre pour le roi Georges. Si cette origine était jamais établie, nous aurions un nouveau point de repère pour fixer la chronologie des diverses manières du maître, et rien ne serait plus utile, car ce que nous savons le moins, c'est l'histoire exacte de son changeant idéal.

Il y a en Angleterre une collection à bon droit fameuse qui en dit bien long sur Watteau : c'est celle de sir Richard Wallace : elle n'est point inconnue, elle a été exposée en 1882 à Bethnal Green et les Watteau, dont elle est justement fière, ont reparu à la *Winter exhibition* qui a eu lieu à Londres en février 1889. Toutes ces peintures sont loin d'être en bon état : l'œuvre capitale est le *Rendez-vous de chasse*, de l'ancienne collection du duc de Morny, le tableau dont Watteau dut faire agrandir la toile pour y ajouter des chevaux sous les arbres et qui, — nous l'avons dit, — nous semble daté par la lettre que le maître écrit à Julienne le 3 septembre 1720. C'est aussi dans cette collection privilégiée que se trouvent, avec la *Fête champêtre*, exposée à

Manchester, par lord Hertford, *Arlequin et Colombine*, assis sur un banc rustique près d'une statue, tableau fatigué mais charmant encore, et ce bijou qu'on ne se lasse pas d'admirer, la *Leçon de musique*, gravée par Surrugue en 1719, par Lalauze en 1890, composition délicieuse où Watteau a mis tout son esprit et toutes les délicatesses de sa lumière.

L'œuvre de Watteau se double, elle se décuple lorsqu'on ajoute aux peintures du maître l'innombrable quantité de dessins où se joua sa main savante. Elles mériteraient tout un livre, ces feuilles légères où triomphe la souveraine puissance de l'esprit. L'artiste a dessiné dès sa période d'apprentissage, et, même aux derniers temps, alors qu'il était malade et considéré comme perdu, il dessinait encore. Nous savons que c'était là l'emploi de ses matinées. Les copies d'après les maîtres anciens — Paul Véronèse, Titien, Domenico Campagnola, Rubens — correspondent presque toutes au séjour dans l'hôtel de Crozat; les études de paysage sont du moment où Watteau demeurait aux Porcherons, où il passait de si bonnes journées à Montmorency, et, plus tard, quand il travaillait à Nogent. Les croquis d'après la nature vivante, les costumes, les personnages de la comédie, les attitudes, les gestes, les recherches de compositions et de groupes, ce qu'il appelait ses « pensées », sont de toutes les époques de sa vie et de toutes les heures. Son zèle n'ignora aucun procédé graphique, mais où il excelle, c'est dans le maniement des trois crayons, la pierre noire, la sanguine, mêlées et relevées de touches blanches appliquées aux bons endroits avec un brio que personne n'a possédé autant que lui. Au Louvre, les dessins provenant de la vente d'Imécourt et qui réunissent en des fantaisies charmantes des têtes de femmes et de fillettes, sont d'incomparables merveilles. Ces têtes, crayonnées d'après nature, peuvent être citées comme des prodiges, non seulement à cause de leur grâce coquette et vivante, mais aussi en raison des limpidités de la fine lumière qui les enveloppe de sa caresse. Watteau est ici le maître des transparences, et quoique le principe du travail procède de Rubens, l'élève posthume du grand Flamand ne rencontre aucun rival.

Watteau dessinateur ne triomphe pas seulement au Louvre. Il est admirable au British Museum et chez quelques amateurs privilégiés, MM. Edmond de Goncourt, le duc d'Aumale, Malcolm, de Chennevières, Bonnat. Et, comme un dénombrement serait impossible à cette dernière page, il faut se borner à dire que le maître est partout, partout où l'on aime la grâce, l'esprit du crayon et aussi la scrupuleuse étude de la nature vivante, car alors même qu'il se borne à crayonner sur un bout de papier des mains isolées ou réunies, Watteau est superbe de probité et d'accent. Lorsqu'il a l'air d'improviser et de sourire, il est toujours demeuré le respectueux adorateur de la vérité.

Encore une fois, nous ne tenterons pas l'impossible, nous n'essayerons pas de dresser un catalogue des peintures et des dessins de Watteau. Cette partie de notre travail doit fatalement rester provisoire et conserver des limites mobiles, car les lignes qui la circonscrivent se modifient toutes les semaines. Il faut d'ailleurs réserver une place à l'inconnu, qui ici ressemble à

l'infini. La porte demeure toujours ouverte. Puisqu'on trouve
encore des Rembrandt, on peut demain découvrir un Watteau
imprévu. Espérons-le, car elles ne seront jamais assez nombreuses pour la joie des yeux et de l'esprit les œuvres de cet
enchanteur qui a connu, à l'égal des plus grands maîtres, le
flottant caprice du rayon, la fête éternelle de la couleur, la vérité
du geste élégant et qui, plus que tout autre, a su apprendre au
monde entier ce que vaut le sourire de la France.

FEMME ASSISE A TERRE, PAR WATTEAU
(Collection de M. le duc d'Aumale.)

NOTE COMPLÉMENTAIRE

Watteau n'est pas toujours aisément reconnaissable. Pour retrouver sa manière, alors surtout qu'il est sage, réservé, sans caprice, il faut quelquefois faire un effort d'esprit. Cet effort, on a souvent refusé de le tenter, et c'est grâce à cette paresse que beaucoup de Parisiens ignorent encore qu'une de leurs églises possède un tableau du maître de Valenciennes. Nous-même, nous avons longtemps méconnu notre ami. Dans la pauvre église Saint-Médard, il y a une *Sainte Geneviève* de Watteau. La sainte bergère, toute jeunette et vaguement paysanne, souvenir des rusticités de la campagne flamande, est assise sous de grands arbres ; des moutons, peu étudiés et peu nature, sont groupés à ses pieds ; elle lit dans un énorme in-folio dont le vent tourmente les pages, et l'exécution de ce livre est d'une belle vaillance. Pour l'expression, très peu de sentiment religieux : c'est de la dévotion, non pas galante, mais à fleur de peau et telle qu'on pouvait comprendre la sainteté sous la Régence, mais l'ensemble des colorations est relativement clair, dans une tonalité des plus aimables ; le paysage, où l'artiste à utilisé les études d'arbres qu'il avait faites dans sa jeunesse, a beaucoup de vigueur et de force. L'accent personnel manque un peu dans cette peinture qui, tout à fait différente de l'*Embarquement pour Cythère* et des œuvres caractéristiques, a fait hésiter quelques connaisseurs. Quand on arrive devant la *Sainte Geneviève*, on est d'abord déconcerté ; il faut s'y reprendre à deux fois ; en y regardant de très près, en entrant dans l'esprit du temps, en tenant compte des heures fatiguées où le pinceau a plus de sagesse que de délire, on reconnaît le maître. Paris possède un Watteau de plus.

INDEX ALPHABÉTIQUE

TABLE DES GRAVURES HORS TEXTE

TABLE DES MATIÈRES

VI

ÉVREUX, IMPRIMERIE DE CHARLES HÉRISSEY